¿Cómo Llego A Fin de Mes?

Andrés Panasiuk

GRUPO NELSON
Una división de Thomas Nelson Publishers
Desde 1798

NASHVILLE   DALLAS   MÉXICO DF.   RÍO DE JANEIRO   BEIJING

Editorial 10 Puntos es una división de Grupo Nelson
© 2006 por Grupo Nelson
Una división de Thomas Nelson, Inc.
Nashville, Tennessee, Estados Unidos de América
www.gruponelson.com

Diseño interior: *Grupo Nivel Uno, Inc.*

ISBN-10: 0-88113-155-5
ISBN-13: 978-0-88113-155-0

Impreso en Estados Unidos de América
Printed in the United States of America
3ª Impresión

Contenido

Tercera parte:
Sabiduría popular

PRIMERA PARTE

LOS PRINCIPIOS DE LA PROSPERIDAD INTEGRAL

UNA ACTITUD DIFERENTE

La diferencia entre llegar y no llegar

Recuerdo haber leído en algún lugar de la Internet que los antiguos griegos tenían la costumbre de incluir en sus juegos olímpicos una carrera en la que los competidores llevaban una antorcha en sus manos. Para ganar, un corredor no sólo debía llegar en primer lugar a la meta, sino también tenía que llegar con su antorcha encendida.[1]

El concepto de prosperidad integral con el que trabajaremos a lo largo de este libro tiene mucho que ver con esa ilustración: no solamente es importante llegar a fin de mes, también es vital llegar a nuestra meta con el resto de nuestra vida balanceada en el contexto de nuestro tiempo, talento y tesoros (tanto tangibles, como el dinero; como intangibles, como el amor y el respeto de nuestros hijos).

Después de vivir catorce años entrevistando, desarrollando amistades y aconsejando tanto a ricos como a pobres de nuestro continente americano, me he dado cuenta de que mucha gente actúa como si el camino hacia la prosperidad económica fuera una carrera de cien metros llanos. Tratan de alcanzar metas financieras en la menor cantidad de tiempo posible. Arriesgan tiempo, talentos y tesoros en obtener beneficios económicos que al final, no les llevan a la satisfacción personal.

Por ejemplo, el caso de mi buen amigo Ricardo. Él era un corredor de bolsa en un país sudamericano. Es un buen amigo y es una buena persona. Sus amigos y familiares le aprecian y a lo largo de los años ha ayudado a un sinnúmero de gente a salir de aprietos económicos. Ricardo tiene sólo un problema: la última vez que hablamos debía más de un millón de dólares a inversores que confiaron en él todos los ahorros de sus vidas.

Cuando comenzó el proceso de globalización y la bolsa de valores de su país comenzó a subir, él usó (sin permiso de los dueños), el dinero que se le había confiado para tratar de hacer algunos negocios que lo llevarían rápidamente a la riqueza. En vez de ello, perdió su negocio, perdió su carrera, perdió su reputación, la confianza de sus amigos, su familia y su matrimonio.

Lamentablemente, la historia de Ricardo, en diferentes versiones y diferentes situaciones se repite una y otra vez a lo largo y ancho de nuestro continente. En la medida en la que comenzamos este camino juntos a través de este libro, es importante dejar sentado desde el principio que el camino hacia la prosperidad integral no es una carrera olímpica de cien metros llanos. La verdad es que la ruta más segura hacia la estabilidad financiera personal y familiar es, en realidad, una carrera «cross-country» de 5 kilómetros de largo y, además, ¡con obstáculos!

Existen principios que nos guían naturalmente hacia la prosperidad y el bienestar integral. El famoso escritor inglés C. S. Lewis (autor de las Crónicas de Narnia), los llama «Principios del Tao»[2]. Yo los llamo «Principios de la prosperidad» (o, «Principios "p"»): estos principios van más allá de la sociedad en la que uno viva o la religión que uno profese.

En este libro, los «Principios de la prosperidad» son las estrellas que guían al navegante por el mar de la vida o las luces de la pista que ayudan al piloto a aterrizar su avión sano y salvo en el aeropuerto del destino económico.

Al violarlos (muchas veces sin siquiera saberlo), nos colocamos en el camino equivocado y terminamos la maratón de nuestra vida dándonos cuenta de que a pesar de haber llegado entre los primeros corredores, lamentablemente el fuego de nuestra antorcha brilla… por su ausencia. Entonces es cuando nos sentimos vacíos, no nos sentimos satisfechos con los logros alcanzados, o nos damos cuenta que hemos pagado un precio demasiado alto a nivel personal y familiar por el éxito financiero obtenido.

Hemos subido la escalera del éxito sólo para darnos cuenta de que estaba apoyada sobre la pared equivocada. Llegamos a la cúpula y descubrimos que estábamos solos. Pensamos que podríamos tocar el cielo con las manos, pero nos sentimos como que no llegamos ni a la altura del zócalo.

La gente viola estos principios de diferentes maneras.

Por ejemplo, uno de los principios «P» que violamos más comúnmente es el famoso principio de la felicidad (también llamado «del contentamiento» o de la «satisfacción personal»)… y tengo una historia muy interesante que ilustra este problema.

Hace algunos años atrás estaba dando una serie de conferencias en la frontera entre el norte de México y el sur del estado de Tejas, Estados Unidos. Cuando terminó mi primera conferencia en tierra mejicana, Jorge y María se me acercaron y me confiaron que tenían tensiones en su matrimonio a causa de su situación económica. Me dijeron que sus salarios no les permitían vivir dignamente. Jorge trabajaba de obrero en una compañía de la ciudad y ganaba solamente 5 dólares por día. María también trabajaba y ganaba otro tanto.

Es importante notar que en esos días el salario mínimo, vital y móvil en Estados Unidos, era de casi cinco dólares y medio la hora. Entonces, ellos estaban ganando en un día lo que un obrero norteamericano ganaba ¡en menos de una hora! Les di una cita para reunirse conmigo un par de días después.

El tema me tocó el corazón. Especialmente, cuando Jorge me explicó que algunos alimentos costaban tan caros en su pueblo de frontera que le convenía cruzar al lado norteamericano para hacer sus compras de comida.

Por otro lado, Ignacio y María Rosa también se me acercaron esa misma noche. María Rosa era la hija del dueño de una empresa importante en la ciudad que se encontraba al otro lado de la frontera, en tierra de habla inglesa. Ellos eran muy buenas personas, respetados en su ciudad y en su comunidad de fe. Daban donativos con regularidad y ayudaban a los demás cuando podían. Sin embargo, también ellos tenían problemas para controlar su vida económica. Ignacio me confesó que con las entradas que tenían no les era posible vivir dignamente. Cuando pregunté, María Rosa me contestó que la suma de ambos salarios era de unos 10 mil dólares al mes.

Yo, entonces, me pregunté en secreto (y en chiste) a mí mismo: *¡¿Los golpeo ahora o los golpeo después?!*

Siendo que no se veía bien que un conferencista internacional cometiera un acto de violencia en tierra de un país hermano, preferí no infringir las leyes de la nación azteca y limitarme a darles una cita para el día siguiente cuando estaría visitando su ciudad por algunas horas.

Esa noche pensé: *Si Jorge y María recibieran los diez mil dólares mensuales que ganan Ignacio y María Rosa, se convertirían en la pareja más feliz de la tierra… por los próximos tres años. Lo serían, hasta que ellos también se acostumbraran a gastar diez mil dólares por mes y entonces, ¡tampoco les alcanzaría para vivir «dignamente»!*

Las dos parejas, aunque provenían de trasfondos económicos diferentes, en realidad tenían el mismo problema: tenían dificultad para vivir dentro del nivel económico al cual pertenecían cada uno de ellos. Su situación, como la de otras miles de familias a lo largo y ancho de Latinoamérica, prueban una verdad muy cierta: *la diferencia entre llegar a fin de mes y no llegar, no se encuentra en la cantidad de dinero que ganamos, sino en la cantidad de dinero que **gastamos***.

Cada uno de nosotros necesitamos aprender a ser felices dentro del estrato socioeconómico en el cual nos toca vivir... y, en el proceso, aprender que «felicidad» es un estado del alma y tiene muy poco que ver con la cantidad de dinero que ganamos o que hemos acumulado a lo largo de los años. Este principio «P», que explicaremos en más detalle en los capítulos subsiguientes, es el principio de la felicidad.

La violación al principio de la felicidad es la raíz más común del problema de deudas y presiones financieras que viven las familias y los negociantes de nuestro continente el día de hoy.

La premisa de este principio es que, con excepción de aquellos que viven en condiciones de extrema pobreza (aproximadamente entre una quinta y una sexta parte de la población del mundo), todos los demás hemos recibido lo suficiente como para sustentarnos y proveer para nuestras necesidades básicas.

La diferencia entre el éxito y el fracaso económico se encuentra, primordialmente, en sentirnos satisfechos y felices en cada uno de los estratos socioeconómicos en los que nos toca vivir. De esa manera, podemos controlar muchos de los impulsos que nos crea la sociedad de consumo para comprar cosas que no necesitamos para ser felices, note que estamos hablando de una actitud de «contentamiento» y no de «conformismo»... ya aclararemos la diferencia más adelante.

El dinero* dice mucho

Es obvio que la forma en la que gastamos el dinero es la clave que determinará, eventualmente, si llegamos o no a fin de mes. Sin embargo, es importante notar que la forma en la que gastamos el dinero está íntimamente ligada a la forma en la que tomamos decisiones en la vida. La forma en la que tomamos decisiones en la vida, por su parte, está íntimamente ligada a nuestra escala de valores. Y, finalmente, esa escala de valores, es fruto directo de nuestro carácter.

Como bien lo decía el Dr. Larry Burkett (1939-2003), cofundador de Crown, la organización para la que he trabajado durante tantos años de mi vida: «La forma en la que manejamos nuestro dinero es una demostración externa de una condición espiritual interna».[3] La forma en la que manejamos

---

* Hemos usado dólares y pesos representando el uso de las diferentes monedas.

nuestra vida económica habla mucho de quienes somos como personas y de qué es lo que realmente valoramos en la vida.

Por ejemplo, recuerdo haber salido a comprar una cocina en Santa Cruz de la Sierra (Bolivia). El vendedor, muy amablemente, me explicó que yo tenía dos opciones: comprar la cocina al contado por 350 dólares o comprarla en diez cuotas iguales de 53 dólares cada una.

Un comprador avezado notará inmediatamente que la diferencia entre comprar la cocina al contado y a plazo estaba en el orden de los 180 dólares, el sueldo mensual de una maestra boliviana para esa época. La pregunta es, entonces: ¿Cuál es la diferencia entre el cambiar la cocina ahora, comprarla a plazo y pagar 530 dólares, y el colocar cada mes por diez meses 35 dólares dentro de un sobrecito para poder comprarla al contado más adelante?

La diferencia no está en mi capacidad económica. Los pagos los tendré que hacer mensualmente de todas maneras, sean 35 dólares a mi propio «sobrecito de ahorro» o 530 al negocio donde compré la cocina. La diferencia está en mis valores personales.

Para poder esperar por diez meses antes de poder traer la cocina a casa, necesito tener un fruto muy particular en el árbol de mi carácter personal: el fruto de la paciencia. Además, para tener la consistencia de colocar todos los meses el dinero en ese sobre y resistir la tentación de gastarme el dinero antes de tiempo, necesito sumarle a la paciencia, dominio propio.

Tanto la paciencia como el dominio propio son manifestaciones de mi carácter personal que me permiten ir en contra de la tendencia natural de la economía de mercado, y me permiten disfrutar de una cualidad que se encuentra en un peligroso estado de extinción: la de la gratificación diferida, esto es, el saber esperar para tener lo que quiero hasta que llegue el momento apropiado para comprarlo.

Estos también son principios «P»: no importa en qué lugar del mundo te encuentras, si aprendes a tener paciencia y a dominarte a ti mismo, habrás ganado una de las más importantes batallas en el camino hacia la prosperidad integral.

Entonces, debemos recordar que la forma en la que manejamos nuestro dinero es una manifestación externa de quiénes somos realmente a nivel interno.

Suponte que estás manejando por la carretera a unos 120 kilómetros por hora y te detiene un policía por exceso de velocidad. Cuando él se acerca, tú sacas una cierta cantidad de dinero para ofrecérsela como un «regalo» de tu familia por no hacerte la boleta de tránsito que correspondería. Esa decisión

(la de sobornar a la autoridad pública con el fin de lograr un beneficio personal) habla de tu carácter. Habla de tus valores personales. Dice que no tienes
en alta estima a la ley de tu país y que crees que el fin justifica los medios.

Lo mismo uno podría deducir de una persona que al momento de llenar
su declaración de impuestos repentinamente sufre de un ataque de amnesia
selectiva y, como consecuencia, pierde memoria de cómo ganó el dinero que
trajo a su hogar este año o cómo hizo ciertos negocios. Cuando uno tiene dos
libros contables (uno blanco y otro negro), cuando uno trae cosas del otro lado
de la frontera del país y no paga los impuestos correspondientes... esas decisiones económicas hablan del carácter de una persona, de sus valores. Son el espejo de tu corazón.

De adentro hacia afuera

Es por eso, que cuando hablamos de llegar a la meta de la prosperidad integral debemos comenzar parafraseando a Albert Einstein. Él diría que: «*los problemas económicos que confrontamos hoy no los podremos resolver con el mismo nivel de
pensamiento que nos llevaron a tener esos problemas en primera instancia.*» Dicho en
otras palabras: La única manera de mejorar nuestra situación económica actual es
el movernos hacia un nivel de ideas y valores más altos de aquél nivel de ideas y
valores que nos llevó hasta el lugar en el que nos encontramos hoy en día.

Ahora, permítanme traducir esta idea al idioma criollo. En mi país diría-
mos: «Aunque la mona se vista de seda, ¡mona se queda!»

Esa es la razón por la que la mayoría de los libros sobre «Cómo hacerse rico
en 40 días» no cumplen con su cometido. Es en vano tratar de manejar un
automóvil sin motor o tratar de cabalgar un caballo muerto. Uno debe dejar
de creer que cambios superficiales y cosméticos nos ayudarán a realizar verda-
deros y permanentes avances en el área de la prosperidad.

Las damas saben esto muy bien. Todos aquellos que hemos sufrido bajo el
rigor de las dietas sabemos que matarnos de hambre para bajar dos o tres kilos
en una semana no sirve de mucho. Lo más probable es que los kilos vuelvan a
nuestra vida (y a nuestro cuerpo) un par de semanas más tarde.

Para bajar de peso una vez y para siempre, hace falta un cambio más profundo en nuestro estilo de vida. Necesitamos comenzar a ver la comida y a vernos a nosotros mismos en forma diferente. Ello nos llevará a establecer una
nueva relación entre nosotros y los alimentos que ingerimos. Al establecer esa
nueva relación, también estableceremos nuevos patrones de selección de las

comidas y nuevos patrones de cocción (¡patrones críticos para bajar de peso en Latinoamérica!).

Una vez establecidos esos nuevos patrones, nuestro cuerpo reaccionará positivamente al cambio y bajaremos de peso para nunca más volver a ganarlo. La razón primordial del éxito no fue el haber hecho una dieta. Esta vez hemos logrado controlar nuestro peso por el resto de nuestras vidas porque hemos producido un cambio en nuestro estilo de vida de adentro hacia afuera. Ese cambio fue el resultado de un cambio filosófico interior seguido por un cambio de comportamiento externo que nos llevó a lograr la meta que teníamos por delante.

La literatura del ser *y del* hacer

Después de leer a Stephen Covey en *Los 7 hábitos de la gente altamente efectiva* me he convencido de que el pragmatismo del «Cómo hacer...», dentro de nuestros países de habla hispana, es el resultado, de los últimos cincuenta años de la literatura «del éxito» en los Estados Unidos.[4] De acuerdo a Covey, en los últimos 200 años de literatura norteamericana sobre el tema de cómo alcanzar el éxito en la vida, los primeros 150 (aquellos años formativos del país como una potencia económica mundial), apuntan primordialmente al carácter personal como la fuente de la cual surgirían los elementos necesarios para triunfar. Me gustaría llamar a esta literatura «la literatura del *ser*».

Esta literatura estaba profundamente influenciada por el trasfondo religioso que los colonizadores de esas tierras trajeron desde Inglaterra y otros países europeos. En su *best seller* «Trust», Francis Fukuyama explica que uno de los grandes secretos para el éxito de la economía norteamericana es el paquete de valores que estos colonizadores llevaron consigo al nuevo mundo.

Parte de este *paquete* fue el rechazo al «verticalismo» político europeo, la adopción de una administración «horizontal» del país, una fuerte creencia sobre el trabajo en cuanto a su responsabilidad personal y como una expresión de fidelidad, la convicción de tener que dar cuentas por los actos realizados en la tierra, el concepto de la integridad y la honestidad, y una visión de la vida que incluía la vida más allá de la muerte, lo que les llevó a tener una visión de las cosas con profundidad en el tiempo.

La literatura del *ser*, según Covey, apunta primordialmente a moldear nuestro carácter. A tocar temas como la integridad, la humildad, la fidelidad, la valentía, el honor, la paciencia, el trabajo industrioso, la modestia y la simplicidad.

Es interesante, que son justamente, ese tipo de consejos los que escribe a su heredera en sus famosas «Máximas para mi hija» Don José de San Martín, el famoso libertador argentino.

Sin embargo y por otro lado, desde los años 1940 en adelante se nota un incremento considerable de una literatura del éxito superficial; una literatura técnica, orientada hacia los procesos. El éxito, entonces, comienza a depender de la personalidad, de las actitudes, del comportamiento. El énfasis en esta literatura, según Covey, tiene dos áreas fundamentales. Por un lado, se enseña al lector cómo manejar las relaciones interpersonales y, por el otro, se le enseña a tener una «A.M.P.», (Actitud Mental Positiva). Esta es la literatura que yo llamaría «la literatura del *hacer*».

Típicos temas de este tipo de libros podrían ser (y aquí estoy citando títulos imaginarios): «Los cinco pasos para hacer amigos y venderles todo lo que usted quiera», «Los tres secretos para el éxito», «Cómo vestirnos para triunfar», «Lo que su mente puede creer, usted lo puede hacer», y cosas por el estilo.

Este tipo de literatura no es errónea. Simplemente es importante entender que la literatura del *hacer* llega al público norteamericano después de 150 años de énfasis en la literatura del *ser*. Una construye sobre la otra. El problema es que, al parecer, nuestras sociedades se han olvidado de la literatura que apunta hacia la formación de nuestro carácter, para enfatizar primordialmente en la que apunta hacia los procesos y técnicas pragmáticas. Eso es normal en nuestro continente: absorbemos todo lo que viene del norte sin filtros ni anestesias.

La literatura del *hacer* nos deja con una sensación de estar vacíos, nos enseña a crear una máscara exterior y a aparentar lo que no somos con el fin de obtener los resultados que queremos. Estos procesos no son permanentes, como tampoco lo son sus resultados.

Aquí, entonces, hay otro de los principios «P»: cuando hablamos de economía, negocios o finanzas, el *ser* es mucho más importante que el *hacer*.

Es por eso que a lo largo de este libro el foco principal será el producir en ti, un cambio de personalidad. Cambiarte interiormente para que ello cambie tu comportamiento. Darte un nuevo *ser* para que impacte tu *hacer*.

Prepárate para cambiar.

Principios y valores

Hay una gran diferencia entre principios y valores (a pesar que la gente utiliza los términos en forma intercambiable). Aunque sé que hay diversas posiciones y enseñanzas con respecto a este tema, permíteme aportar mi granito de arena y compartir mis ideas y definiciones con respecto a qué creo yo que son los principios y los valores.

Yo creo que los valores son aquellas cosas que nosotros creemos importantes en la vida. Los valores pueden ser buenos o malos.

Por ejemplo, cuando mi familia y yo solíamos servir a la gente de habla hispana en uno de los barrios más violentos de Estados Unidos, nos dábamos cuenta que los miembros de las pandillas compartían entre si, los mismos valores. Eran valores erróneos, enfermizos, equivocados, pero todos y cada uno de esos pandilleros indiscutiblemente compartían valores que tenían en común.

Los principios, por otro lado, creo que no pueden ser buenos o malos, correctos o incorrectos. Los principios, a mi modo de ver, son siempre buenos, son siempre correctos. Una persona simplemente los obedece o los desobedece.

Los valores son los materiales de una casa. Es importante tener los materiales correctos para construir la casa que queremos. (¿Quién se podría imaginar tratar de construir una casa de cemento y ladrillos con los materiales para construir un avión?)

Los principios, por otro lado, son las normas y reglas que debemos seguir si queremos construir una casa que perdure. No importa que tipo, tamaño o forma tenga la casa. Los principios de la construcción de casas siempre serán los mismos.

Tengo un amigo en Estados Unidos que se compró una casa nueva hace algunos años atrás. Se llama Carlos. Después de vivir en la casa por unos seis meses, comenzó a notar que una de las paredes tenía una rajadura. Tomó la guía de teléfonos, buscó un carpintero (hay que recordar que en Estados Unidos las casas están hechas de madera y yeso), y lo contrató para que arreglara la rajadura que tenía la pared.

Después de un arduo día de trabajo, el carpintero terminó su labor y le pasó a Carlos una cuenta tan grande que mi amigo pensó que si se hubiera quedado otro día, ¡le hubiera tenido que entregar su primogénito!

Pasaron las semanas y unos tres meses más tarde, Carlos se levantó una mañana para encontrar no solamente que todavía tenía la rajadura original en la misma pared que acababa de arreglar, sino que ahora tenía a toda la «familia rajadura» en su pared: Papá Rajadura, Mamá Rajadura y como ¡siete u ocho rajaduritas en diferentes lugares!

Nuevamente, entonces, llamó al carpintero que le había hecho el arreglo original para que le viniera a colocar nuevamente el yeso a la pared con problemas.

Dos días más tarde, la pared quedó como nueva (esta vez sólo le costó a Carlos un par de vasos de jugo de naranja y algunos emparedados que le ofreció al trabajador mientras reparaba el mal trabajo realizado en primera instancia).

Los días pasaron, se hicieron semanas y una buena mañana Susana, la esposa de Carlos, se levanta para desayunar y se encuentra, de pronto, con un ejército de rajaduras en la misma infame pared. Allí estaba, frente a ella, toda la infantería, caballería y artillería del País de las Rajaduras.

Mi buen amigo, entonces, sintiéndose defraudado económicamente, decidió llamar a un carpintero diferente. Cuando el nuevo carpintero llegó, observó las rajaduras, miró la pared, bajó al sótano de la casa, subió al techo y le dijo a mi amigo algo que él realmente no estaba esperando:

«Yo no le puedo ayudar, señor», dijo el carpintero.

«¿Quéee?», contestó Carlos, «¿Cómo que no me puede ayudar? ¿No es usted un carpintero? ¿No arregla paredes de yeso?»

«Sí, soy carpintero y arreglo paredes de yeso. Pero usted no necesita un carpintero. Su problema no son las rajaduras. Usted tiene un problema en la fundación de su casa. Las columnas del fundamento se están moviendo y hasta que usted no repare el fundamento de la edificación, usted siempre va a tener rajaduras en esa pared. Usted lo que necesita es un ingeniero».

El intercambio no sólo le proporcionó a Carlos una importante lección sobre cómo resolver problemas de construcción, sino que me ha proporcionado a mí a través de los años de una buena ilustración sobre cómo resolver problemas económicos.

La mayoría de la gente ve las rajaduras que tiene en su vida financiera y cree que esos son los problemas que debe resolver. Para eso, entonces, consulta con algún asesor financiero, algún banco, o lee algún libro sobre cuáles son las cosas (o pasos) que debe *hacer* para salir del problema.

Sin embargo, en la gran mayoría de los casos, los problemas financieros son solamente la consecuencia de otros problemas más profundos en la vida del individuo. Son el resultado de haber violado los principios «P».

A menos que coloquemos fundamentos sólidos e inamovibles en las bases de nuestra vida, nuestra pared financiera continuará mostrando rajaduras. No importa las veces que creamos haber solucionado el problema con un parche por aquí y otro por allá. Primero debemos cambiar el *ser*, para, luego, ser totalmente efectivos en el *hacer*.

Recuerdo haber escuchado al Dr. Tony Evans, fundador y presidente de La Alternativa Urbana, en Dallas, Texas, contar una historia que tiene mucho que ver con el concepto de lo que un «principio» es para nuestra vida. Voy a ponerle un saborcito hispanoamericano.

Se cuenta que un grupo de barcos de la marina había salido a hacer maniobras de combate por varios días. Una noche, estando el capitán de uno de los barcos en la torre de mando, uno de los marineros le indica que ve una luz acercarse por la proa. El capitán, al darse cuenta de que estaban en peligro de chocar, le indica al marinero que hace señales con luces: «Haga una señal a ese barco y dígale que estamos a punto de chocar. Aconseje que gire treinta grados.»

Al volver la contestación se leía: «Aconsejable que ustedes giren treinta grados».

El capitán, entonces, responde: «Envíe, marinero: soy capitán de la marina de guerra, le ordeno que vire treinta grados».

La respuesta no se hizo esperar: «Soy un marinero de segunda clase. Aconsejo que inmediatamente cambie su curso treinta grados».

Para ese entonces, el capitán estaba totalmente furioso. Gritando a viva voz le dijo al señalero: «Dígale a ese estúpido: Esta es la fragata de guerra Río Grande. Le intimo a que cambie su curso 30 grados».

Vuelve la contestación: «Soy el Faro de San Sebastián».

La fragata de guerra, quietamente, entonces, ¡cambió su curso treinta grados!

Los principios «P» de los que hablaremos en este libro son el Faro de San Sebastián: leyes naturales que no pueden ser cambiadas. Podemos hacer lo que queramos con nuestra vida, pero si ignoramos estos principios, no nos sorprenda que nos vayamos a pique.

Paradigmas y cambios

Por otro lado, la percepción que tenía el capitán de la fragata de guerra de su mundo circundante determinaba su realidad (dicen por allí que «percepción es realidad»). Esa percepción de la realidad que nos rodea es lo que en algunos círculos de hombres de negocios de hoy en día se lo llama un «paradigma»: es la forma en la que nosotros percibimos el mundo y las cosas que nos rodean. Puede reflejar la realidad, o puede, como en el caso del capitán de nuestra historia, engañarnos monstruosamente.

Fue un paradigma equivocado el que produjo el desastre del Titanic en su viaje inaugural («Este barco es imposible de hundirse»), el que llevó a Hitler a atacar a Rusia y perder la segunda guerra mundial, y el que produjo el desastre del trasbordador espacial Challenger.

Los paradigmas son poderosos en nuestras vidas. Son el lente a través del cual interpretamos la realidad circundante y proveen el ambiente para la toma de decisiones en nuestras vidas. Tanto buenas, como malas.

Los paradigmas son el mapa que nos permite entender dónde estamos, a dónde queremos ir y cómo llegaremos a cumplir nuestras metas.

Supongamos que alguien nos invita a visitar la ciudad de Lima (Perú). Cuando llegamos, alquilamos un automóvil, tomamos la dirección de la persona que hemos venido a visitar y, como nunca hemos estado antes en esa preciosa ciudad de Sudamérica, pedimos un mapa.

Supongamos, sin embargo, que recibimos un mapa que dice «Lima» en la parte superior, que tiene en su contorno dibujos y fotos de Lima, pero, por un error de imprenta, en realidad, es un mapa de Caracas, Venezuela. Nosotros podemos tener las mejores intenciones del mundo, podemos ser absolutamente sinceros en tratar de llegar a nuestro destino, podemos tener la mejor Actitud Mental Positiva del mundo, y sonreír a los que nos rodean, pero sin el mapa apropiado ¡estamos perdidos!

Esa es la importancia de desarrollar paradigmas correctos en nuestra vida.

El secreto para la construcción de nuestro futuro económico se encuentra en:

Colocar como fundamento la obediencia a principios inalterables de vida,

Construir nuestro futuro económico con los materiales de primera clase provistos por excelentes valores personales y...

Desarrollar nuestro plan para la prosperidad integral basados en los planos correctos provistos por los paradigmas apropiados.

El propósito principal de la primera parte de este libro es, entonces, proveer una lista de principios «P», para crear el ambiente que nos ayude a realizar importantes cambios de paradigmas que nos permitan llegar, de una vez por todas, a fin de mes... ¡con la antorcha encendida!

SIETE PRINCIPIOS «P»

1. El principio de la renuncia
2. El principio de la felicidad
3. El principio de la paciencia
4. El principio del ahorro
5. El principio de la integridad
6. El principio del amor y la compasión
7. El principio del dominio propio

Como dijimos anteriormente, la primera característica que tiene la gente que alcanza la prosperidad integral es que tienen una actitud diferente hacia la vida. Estas personas se han concentrado primero en el *ser* y luego en el *hacer*. Han hecho un cambio en la forma en la que se ven a sí mismas y en la forma en la que viven cada día. Tienen valores que los separan de la «masa» de gente que les rodea y han adoptado paradigmas que reflejan adecuadamente los principios que rigen el mundo de la prosperidad integral.

A continuación, compartiré siete principios «P» que creo fundamentales para lograr la actitud personal correcta que nos lleve a la prosperidad balanceada que estamos buscando.

El principio
de la renuncia

Uno de los primeros paradigmas que debemos cambiar en nuestra vida es la forma en la que nos vemos a nosotros mismos en relación a las cosas que nos rodean. Para eso, es importante contestar a la pregunta filosófica de: «¿Por qué existimos y cuál es nuestra tarea en el mundo?»

Obviamente, esa pregunta es demasiado grande para un libro tan pequeño como este. Sin embargo, en cuanto al área de manejo económico, es interesante que de las tres religiones más extensas del mundo (la del pueblo cristiano, judío y musulmán), todas tienen la misma respuesta para esta pregunta: existe un Creador y nosotros, Sus criaturas, hemos sido colocados en este mundo para administrarlo.

Sea uno religioso o no, lo interesante del estudio de religiones comparadas que realicé antes de escribir este libro fue descubrir que este principio de la renuncia se encuentra tejido en nuestra humanidad como una fibra que tenemos en común más allá de las culturas y trasfondos sociales. Este, realmente, es un principio con «P» mayúscula. El primer principio «P» para la economía universal: debemos renunciar a la actitud de ser dueños de lo que poseemos y comenzar a actuar como administradores (o, en el mundo de los negocios, nos llamaríamos *gerentes*).

A lo largo de los años he notado que la capacidad de una determinada persona para verse a sí misma como «Administrador», «Gerente» o «Mayordomo» de las cosas que posee es determinante en el proceso de tomar las decisiones adecuadas para alcanzar la prosperidad integral.

Cuando aplicamos este principio a nuestra vida diaria, nos damos cuenta que a cada uno de nosotros se nos ha encomendado una cierta cantidad de días para vivir, una cierta cantidad de amigos y familia que atender, y un determinado número de bienes materiales (sean pocos o muchos) que debemos administrar.

Recuerdo la historia de Roberto. Él vive en Venezuela y lo han elegido gerente general de una cadena de supermercados. Esta empresa tiene más de 50 negocios en todo el país. Al llegar el fin de año Roberto nota que uno de los supermercados en Maracaibo no está andando bien. Viene trayendo pérdidas por los últimos tres años y a pesar de los esfuerzos hechos para reavivar el negocio en esa zona de la ciudad, este año ha cerrado con pérdidas nuevamente. Entonces, ¿Qué es lo que debe hacer Roberto como gerente de esa cadena de supermercados? Probablemente debe cerrar ese negocio con problemas y estudiar la posibilidad de abrir otro en alguna otra parte.

Por otro lado está Federico. Vive en Puerto Rico. Tiene una tienda que fundó su abuelo. El abuelo se la dio en heredad a su padre y su padre se la pasó en herencia a él. El problema es que en los últimos tres años el negocio no ha andado muy bien. El año pasado dio serias pérdidas y este año no anda nada mejor.

La pregunta clave, ahora, es: ¿A quién le va a costar más, emocionalmente, cerrar el negocio? ¿A Roberto o a Federico?

Si bien Roberto debe manejar una suma millonaria de dinero para cerrar el supermercado que no va muy bien en Maracaibo, seguramente el que va a sufrir más en el proceso va a ser Federico.

¿Por qué?

Porque Roberto es simplemente un gerente, un administrador de una cadena de negocios; pero Federico es *dueño*.

Esa es la gran diferencia entre ser dueños y ser administradores. El principio «P» indica que nosotros tenemos que aprender a ser **administradores.** Sin embargo, lamentablemente, la mayoría de la gente del mundo se ven a sí mismas como dueñas.

El dueño está emocionalmente apegado a sus posesiones. El administrador está emocionalmente desprendido de las cosas materiales que maneja.

El dueño tiene dificultad en tomar las decisiones difíciles que se necesitan tomar y, muchas veces, las toma demasiado tarde. El administrador sabe que las posesiones que maneja no son suyas y, por lo tanto, despegado de las emociones, puede tomar las decisiones difíciles fríamente y a tiempo.

Esta, a veces, es la diferencia entre la vida y la muerte económica.

Daniela y Juan Carlos viven en Miami. Ahora son excelentes administradores de sus posesiones, pero cuando nos encontramos por primera vez, estaban con una deuda encima que llegaba a los 135 mil dólares. Ambos tenían excelentes trabajos y ganaban muy bien. Pero se encontraban simplemente inundados por la cantidad de pagos mensuales a los diferentes prestamistas con quienes habían hecho negocios.

Cuando ellos terminaron el primer análisis de su economía familiar, Juan Carlos se dio cuenta de que si vendían la excelente casa en la que vivían, podrían pagar una buena parte de sus deudas y, de esa manera, podrían «respirar» mejor a fin de mes. Con el tiempo, y después de alquilar en algún barrio más barato por algunos años, podrían tratar de volver a comprar otra casa.

Yo me di cuenta de lo mismo, pero, por lo general, no le digo a la gente lo que tiene que hacer. De todos modos, después de tantos años de consejería personal, ya me he dado cuenta de que la gente siempre hace lo que quiere, ¡y no lo que uno le aconseja!

Sin embargo, y a pesar de no haber abierto la boca, Daniela miró hacia mí y me apuntó con el dedo diciendo: «Andrés: ¡la casa no! Cualquier cosa, menos la casa.»

Yo, por supuesto, traté de calmarla y de decirle que decisiones como esas se debían pensar un poco y que quizás con el correr de los días encontrarían otra salida creativa a su situación.

El problema real que tenía Daniela no eran los 135 mil dólares que tenía que pagar. Esa era simplemente la manifestación de otros problemas más profundos en su carácter. Era el «efecto» de una «causa» que no se manifestaba a simple vista. Sin embargo, el problema más importante que Daniela tenía frente a ella era su *actitud*. ¡Y ni siquiera lo sabía!

Daniela estaba emocionalmente apegada a su propiedad. Se sentía dueña, no administradora. Eso, por un lado, no le permitía colocar todas y cada una de las cartas disponibles en la mesa para tomar una decisión acertada; y por el otro, confiaba en el «techo familiar» para que le proveyera de una falsa sensación de seguridad cuando, en realidad, la casa no era de ella: era del banco con el que la tenía hipotecada y hasta que no pagara el cien por ciento de su hipoteca, la casa, realmente, ¡ni siquiera le pertenecía!

Con el correr de los meses (y gracias al libro *Cómo manejar su dinero* del Dr. Larry Burkett), mis amigos de Miami hicieron un cambio significativo en su actitud con respecto a las finanzas. Todavía guardo un mensaje electrónico de Daniela en mi computadora que dice: «Andrés: yo sé que no está bien que tengamos tantas deudas. Juan Carlos y yo hemos decidido que vamos a salir de ellas. Cueste lo que nos cueste… ¡aunque tengamos que vender la casa!»

Ese día supe que ellos iban a salir de sus aprietos económicos.

Un año después del primer incidente nos encontramos nuevamente y ellos me contaron cómo habían podido re-arreglar sus deudas y como habían recibido trabajos extras inesperados que les permitieron pagar, el primer año solamente, ¡65 mil dólares en deudas acumuladas!

Yo creo que el desprendernos emocionalmente de las cosas materiales que tenemos es el primer paso en la dirección correcta para disfrutar de lo que hemos llamado en este libro la «prosperidad integral».

Para poner en práctica

Ahora que hemos entendido este primer principio «P» debemos comenzar hoy mismo a desprendernos emocionalmente de las cosas que tenemos, para comenzar a vernos como administradores de estas posesiones.

Si eres un joven o señorita y no tienes una pareja, entonces, haz una lista de todas las cosas que tienes y en la parte superior de la hoja escribe: «Administrador/a general de la vida - Lista de cosas que me tocan administrar».

Por otro lado, si ya tienes pareja, pídele que lea este primer capítulo y hagan juntos este ejercicio:

1. Escribe en la planilla que tienes a continuación el nombre de las habitaciones de tu casa. Coloca debajo, a grandes rasgos, las cosas que tienes dentro de cada habitación.

    Por ejemplo:

Nombre de la habitación: Cuarto de los niños
Detalle:

*   2 camas
*   1 silla
*   1 cómoda
*   ropa
*   juguetes

2. Al terminar con cada habitación (o con toda la casa) haz lo siguiente:

Te recomiendo que, luego de llenar el formulario, lo tomes en tu mano y te prometas individualmente o le prometas a tu pareja que a partir del día de hoy cambiarán su paradigma económico. Ahora serán gerentes, administradores de estos bienes que no son suyos, sino que son bienes de la vida. A partir de hoy, prometen desengancharse emocionalmente de sus posesiones personales y van a comenzar a tomar decisiones financieras con la «cabeza fría» de un gerente.

Administrador/a general de la vida

Lista de cosas que me toca administrar:

Formulario de renuncia

Nombre de la habitación: _____

Detalle:

Nombre de la habitación: _____
Detalle:

Nombre de la habitación: _____
Detalle:

Nombre de la habitación: _____
Detalle:

El principio
de la felicidad

El segundo principio de la prosperidad es el principio de la felicidad (también llamado «del contentamiento» o «de la satisfacción personal»). Este principio dice que: cada uno de nosotros debemos *aprender a estar contentos y a disfrutar de la vida sin importar el lugar en el que estemos colocados en la escala social de nuestro país.*

Hay que notar que hemos dicho «contentos» y no «conformes». Hay una importante diferencia entre la persona conformista (que puede llegar a tener tendencias de haragán), y aquella que ha aprendido a ser feliz en el nivel social en el que se encuentre: gane 10 mil dólares por mes o cinco por día. Uno debe tener un profundo compromiso de hacer las cosas con excelencia y de avanzar económicamente en la vida. Pero, al mismo tiempo, debe aprender a disfrutar con intensidad del lugar en el cual se encuentra económicamente el día de hoy.

Una buena cantidad de los problemas de deudas que vemos hoy en día tienen que ver con gente insatisfecha con el nivel de vida que le puede proveer sus ingresos. Esa gente, en algún momento, pega un «salto social» comprando una casa más grande de la que puede pagar, un auto más caro que el que debería tener o mudándose a un barrio más costoso del que le convendría vivir.

Ese «salto», con el tiempo, le trae serios problemas. Por un lado, porque sus recursos económicos no le alcanzan para pagar por el nuevo nivel social y, por el otro, no puede hacer un «mantenimiento preventivo», de sus finanzas, como, por ejemplo, ahorrar con regularidad.

Muchos creen que aunque el dinero no hace la felicidad por lo menos ayuda. Eso lo decimos porque, en general, los latinoamericanos no vivimos en una sociedad de abundancia como la europea o la norteamericana.

Si lo hiciéramos, nos daríamos cuenta de que esta idea, a veces citada en un contexto un tanto jocoso, proviene de una premisa equivocada, de un paradigma erróneo: la creencia de que los bienes materiales pueden satisfacer nuestras necesidades emocionales y espirituales como, por ejemplo, la necesidad de la alegría, del amor o de la paz. Esa es la base de lo que comúnmente llamamos el «materialismo».

El dinero puede comprar una casa, pero no puede construir un hogar; puede pagar por educación, pero no puede adquirir sabiduría; puede facilitar los medios para un transplante de corazón, pero no puede proveernos de amor.

A lo largo de los años he notado, contrariamente a las creencias populares, que no es la pobreza la que desintegra a las familias. Desde el punto de vista económico, son las malas decisiones financieras y las deudas acumuladas las que crean tensiones tan altas que, eventualmente, terminan en el rompimiento de la relación matrimonial.

Cuando uno es pobre (y mi esposa y yo somos testigos de ello), la pareja se une más y trabaja duramente para lograr la supervivencia de la familia. Cuando uno acumula deudas y maneja incorrectamente su dinero, los fondos empiezan a faltar y las acusaciones comienzan a hacerse oír más frecuentemente. Luego, siguen los insultos, los maltratos y, finalmente, la separación.

La prosperidad integral, no depende exclusivamente de nuestra capacidad económica. Depende de la forma en la que elegimos vivir cada día y tiene más que ver con una actitud del corazón que con el estado de una cuenta bancaria.

Una importante idea para recordar, entonces, sería que la tarea más importante en la vida es, justamente, *vivir*. Donde «vivir» significa mucho más que meramente existir. Significa parar de correr detrás de las cosas materiales y superficiales y comenzar a perseguir las cosas más profundas de la vida.

Tengo un examen para probar nuestros conocimientos sobre este tema.

En un interesante estudio realizado por la televisión educacional norteamericana sobre el consumismo en el país y publicado en el Internet[5] se descubrió que el porcentaje de norteamericanos que contestaron diciendo tener vidas «muy felices» llegó a su punto más alto en el año… (Elije una de las siguientes fechas):

1. 1957   2. 1967   3. 1977   4. 1987

La respuesta correcta es la número uno. La cantidad de gente que se percibía a sí misma como «muy feliz» llegó a su pico máximo en 1957 y se ha mantenido bastante estable o ha declinado un poco desde entonces. Es interesante notar que la sociedad norteamericana de nuestros días consume el doble de bienes materiales de los que consumía la sociedad de los cincuenta. Sin embargo, y a pesar de tener menos bienes materiales, aquellos se sentían igualmente felices.

Aprender a «vivir», entonces, significa descubrir la tarea para la cual hemos nacido, poner en práctica los talentos y dones que la vida nos ha dado, concentrarnos en las cosas trascendentes como: servir y enriquecer la vida de nuestro cónyuge, amar y enseñar a nuestros hijos, desarrollar nuestra vida personal y profundizar nuestra vida espiritual.

Sabemos que: «la vida del hombre no consiste en la abundancia de los bienes que posee». Vivir nuestra vida, y vivirla en abundancia, significa aprender a disfrutar ver a nuestros niños jugar en el fondo de la casa. Emocionarnos al orar con ellos junto a sus camas y darles el besito de las buenas noches. Significa preocuparnos por la vida de la gente, ayudar a pintar la casa del necesitado, arreglarle el auto a una madre sin esposo, y escuchar en silencio hasta cualquier hora de la noche el corazón del amigo herido.

Vivir en abundancia significa extender la mano amiga a los pobres, aprender a restaurar al caído y a sanar al herido. Significa, para los varones, poder mirar a nuestra esposa a los ojos y decirle honestamente «te amo». Poder llegar a ser un modelo de líder-siervo para nuestros niños. Significa dejar una marca más allá de nuestra propia existencia.

Poco tiene que ver este concepto de la felicidad y la satisfacción personal con las enseñanzas de los comerciales televisivos o los evangelistas del materialismo. Poco tiene que ver con lo que se enseña en los círculos afectados por los medios de comunicación social del día de hoy. Si en algo estoy de acuerdo con aquella frase del comienzo es que el dinero no hace la felicidad, y, sinceramente, no se hasta cuánto ayuda.

Proponte el día de hoy darle una mirada honesta al lugar en el que te encuentras en la escala social de tu país. Pregúntate: ¿tengo paz en mi vida económica? Si no tienes paz en el contexto económico en el que te toca vivir, quizás es hora de tomar algunas decisiones importantes tanto financieras como personales y familiares. Ajusta tu nivel de vida y, en vez de correr detrás de metas económicas, decide ser feliz. Tú eres el único que puede hacerlo. Yo no puedo cambiar tu actitud frente a la vida y el valor que le das a las cosas materiales. Lo tienes que hacer tú mismo.... y lo debes hacer hoy.

Para poner en práctica

Escribe, aquí mismo, tu decisión de aceptar el principio de la felicidad y tu compromiso personal de ser feliz en el lugar en el que te encuentras económicamente en la vida. Comprométete a disfrutar de los ascensos en tu trabajo, darle la bienvenida a los incrementos de salario, pero a no perder el sueño por ellos. Decide ser feliz hoy mismo en el lugar, con los recursos y las relaciones que la vida te ha provisto:

_____

_____

_____

_____

_____

_____

_____

_____

_____

Firma y fecha

El principio
de la paciencia

El tercer principio de la prosperidad que debemos tener en cuenta cuando hablamos de cambiar nuestra actitud con respecto a las finanzas tiene que ver con el ejercicio de la paciencia diligente, de la perseverancia.

«La paciencia nos protege de los males de la vida como la vestimenta nos protege de las inclemencias del tiempo», decía Leonardo Da Vinci; a lo que Cervantes podría agregar: «La diligencia es la madre de la buena suerte».

Hago una diferencia entre la paciencia en general y la paciencia diligente porque muchas veces encuentro que la gente tiene una idea fatalista de la paciencia. Creemos que es sinónimo de rendirnos a nuestra mala suerte o a las circunstancias en las que vivimos. Pensamos en la idea de sentarnos, mirando el techo y esperando sin hacer nada a que ocurra un milagro o a que las circunstancias cambien en nuestra vida.

Esa es la paciencia del tango «Sufra» de Caruso y Canaro:

> Sufra y aguante, y tenga paciencia,
> que con paciencia se gana el cielo,
> trague saliva y hágase buches
> que se le puede caer el pelo.
> Si es que le hacen una parada,
> si desgraciado es en el querer,
> trague saliva y hágase buches.
> Sufra y aguante, que es por su bien.

O la del tango «Paciencia» de Francisco Gorrindo (1937) que dice:

Paciencia...la vida es así.
Quisimos juntarnos por puro egoísmo
y el mismo egoísmo nos muestra distintos,
para qué fingir...

Paciencia...la vida es así.
Ninguno es culpable,
si es que hay una culpa.
Por eso la mano que te di en silencio
no tembló al partir.

Esa no es la paciencia de la que estamos hablando. Estamos hablando de una paciencia en movimiento, la paciencia diligente, la perseverancia a través del tiempo.

Confucio decía: «Nuestra mayor gloria no está en que nunca hemos fallado, sino en que cada vez que fallamos nos hemos levantado».

El ejercer la paciencia diligentemente desde el punto de vista económico requiere salirnos de la actitud y la cultura imperante a nuestro alrededor para comenzar a mirar la vida desde un punto de vista diferente. El problema que experimentamos como hispanos es que las continuas dificultades económicas de nuestros países latinoamericanos han promovido desde nuestra niñez una actitud del «ya y ahora».

Entonces, cuando tenemos la oportunidad de comprar algo o de realizar algún negocio, miramos por lo que es más conveniente a corto plazo: hoy tenemos, y hoy gastamos (porque pensamos: *¿Quién sabe que es lo que va a ocurrir mañana con la economía del país?*)

Sin embargo, en la nueva economía de mercado que nos está trayendo el proceso de globalización económica, esas presuposiciones quedarán arcaicas, fuera de contexto. Serán aquellos que vean sus finanzas como una carrera de larga duración (incluso como una carrera que continuarán corriendo sus herederos), los que, eventualmente, lograrán los mejores rendimientos económicos.

De acuerdo al libro *The Millionaire Next Door* (El millonario de al lado), de Stanley y Danko, «más del ochenta por ciento de los millonarios en Estados Unidos el día de hoy son gente común y corriente que han acumulado riquezas en una generación. Lo hicieron lentamente, consistentemente, sin ganar la lotería».[6]

Déjame darte un ejemplo del beneficio de ser perseverante a través del tiempo.

En Estados Unidos (y cada vez más en nuestros países del continente) existe una forma muy interesante de cobrar los intereses de los préstamos realizados por compras de envergadura (casas, autos, electrodomésticos, etc.). Al capital que se pidió prestado, se le suman los intereses de estas compras y los mismos se pagan en mensualidades que, con una fórmula matemática, provee para cada pago una mezcla del capital y el interés adeudado.

Lo interesante de este sistema (llamado «francés» en algunos países), es que la mayor parte de los intereses se pagan al comienzo del préstamo. Esta fórmula matemática divide los pagos de tal manera que, en las primeras mensualidades, uno paga casi exclusivamente intereses y muy poco capital. La «mezcla» va avanzando de tal manera que al final de la vida del préstamo realizado la cuota mensual tiene una gran cantidad de capital y una pequeña de intereses.

Una gráfica de los pagos se vería de esta manera:

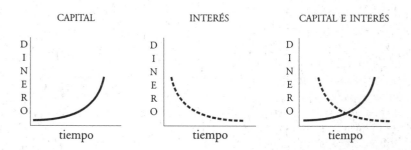

En beneficio de todos los millones de personas que viven en países donde este tipo de préstamos se ha hecho popular voy a contar una historia que ilustra perfectamente el principio de la Paciencia:*

Tengo dos amigos. Uno se llama Ricardo Rápido y otro se llama Pedro Paciente.

Los dos se quieren comprar una casa por 100 mil dólares. Los dos tienen 10 mil dólares para dar de depósito y los dos pueden pagar 700 dólares por mes en su hipoteca.

a. Una compra inteligente

Ricardo Rápido, por ser rápido, se compra la casa más grande que puede con el dinero que tiene: la paga $101.037,55.

Aquí está su situación económica:

> Casa de $101.037,55
> Anticipo $ 10.000,00
> Deuda: $ 91.037,55
> Plazo: 30 años
> Interés: 8,50 % anual
> Pago mensual: $700

Pedro paciente, a pesar de poder hacer lo mismo que hizo Ricardo Rápido, decide que va a comprar primero una casita más pequeña. La paga $66.458,12

> Casa de $66.458,12
> Anticipo $10.000,00
> Deuda: $56.458,12
> Plazo: 30 años
> Interés: 8,5 % anual

Ahora bien, a pesar de que la deuda es menor y que los pagos mensuales pueden ser menores, Pedro Paciente se dice a sí mismo: «Yo puedo pagar 700 dólares mensuales, así que voy a pagar más para adelantar lo antes posible el pago de mi deuda». Entonces, el pago mensual de Paciente es más alto del que debería ser:

> Pago mensual: $700

Este es el cuadro comparativo de la situación económica de nuestros dos amigos:

Nombre	Deuda	Pago	Interés	A la deuda	Activo
Rápido	$91.037,55	$700	$644,85	$55,15	$10.055,15
Paciente	$56.458,12	$700	$399,91	$300,09	$10.300,09

* Debo reconocer que no tomaré en cuenta algunos aspectos financieros importantes como la fluctuación del mercado inmobiliario, la inflación y los costos de compra y venta de inmuebles. La razón por la que lo hago, la explicaré al final pero tiene que ver con la lección principal que quiero enseñar, que hacen que esos aspectos financieros no jueguen un papel preponderante en la historia.

Notemos que el pago «extra» que está haciendo Paciente le permite colocar más dinero para pagar su deuda y, por lo tanto, está aumentando su activo (el valor del dinero que tiene en su propiedad, que en inglés se llama *equity*).

b. Un pago anticipado

A los diez años, Pedro Paciente termina de pagar su casa. Esta es la situación económica de Rápido y Paciente al final de esos 120 meses:

Nota que Ricardo Rápido, después de diez años de pagar 700 dólares por mes, todavía debe ¡80 mil dólares! Esa es la «trampa económica» del sistema de pagos de préstamos para compras mayores (como automóviles y casas) tanto en Estados Unidos como en varios países de nuestra Latinoamérica. No es ilegal. Simplemente es muy desventajoso para el consumidor.

Mes	Nombre	Deuda	Pago	Interés	A la deuda	Activo
120	Rápido	$80.789,33	$700	$572,26	$127,74	$20.375,96
120	Paciente	$695,06	$700	$4,92	$695,06	$66.458,12

Nota que a pesar de que en la mensualidad de Rápido hay una mayor cantidad de dinero que va hacia el pago de su deuda, todavía (después de diez años) la cantidad de ese pago que ha sido asignado a pagar intereses es todavía de un tamaño respetable. ¿El resultado? Que Ricardo Rápido ha estado pagando primordialmente un «alquiler» por el dinero que pidió prestado para comprar su casa y, después de haber hecho pagos por 84 mil dólares, ¡todavía debe 80 mil de los 100 mil que pidió prestado en un comienzo!

c. Una movida inteligente

Ahora que Pedro Paciente pagó totalmente su casa, decide venderla y comprarse la casa de sus sueños exactamente al lado de la de Ricardo Rápido. Le cuesta lo mismo que le costó a los Rápidos diez años atrás: $101.037,55.

Casa de Ricardo Rápido   Casa de Pedro Paciente

Paciente coloca todo el dinero obtenido por la venta de su primera casa ($66.458,12) como anticipo y toma el resto como una hipoteca a pagar a treinta años. Observemos, ahora, cuál es la posición financiera de los Rápidos y los Pacientes:

Mes	Nombre	Deuda	Pago	Interés	A la deuda	Activo
121	Rápido	$80.661,59	$700	$571,35	$128,65	$20.504,61
121	Paciente	$34.579,43	$700	$244,94	$455,06	$66.913,18

Debemos notar que, a pesar de que Pedro podría pagar una mensualidad menor, continúa haciendo el pago mensual de 700 dólares, lo que acelera aún más la velocidad con la que está pagando su deuda hipotecaria.

d. Una meta lograda

Cinco años después, Pedro Paciente termina de pagar la deuda de su segunda casa. Aquí está el cuadro comparativo de la situación económica de Ricardo Rápido y Pedro Paciente después de 180 mensualidades pagadas (quince años):

Mes	Nombre	Deuda	Pago	Interés	A la deuda	Activo
182	Rápido	$70.888,30	$700	$502,13	$197,87	$30.347,12
182	Paciente	$8,46	$8,52	$0,06	$8,46	$101.137,55

e. Una inversión sabia

Una vez que Pedro Paciente termina de pagar la casa de sus sueños, decide que, en vez de mudarse a una casa más grande o gastar el dinero que ahora le queda disponible, lo va a invertir conservadoramente al ocho por ciento de interés anual. Entonces, Pedro Paciente abre una cuenta de inversiones en la que deposita 700 dólares todos los meses con un rendimiento del ocho por ciento por año.

f. Un resultado asombroso

La pregunta, ahora, es ¿qué ocurre con Ricardo Rápido y Pedro Paciente después de treinta años? (Recordar que su hipoteca original era a 30 años de plazo). Pues bien: a los treinta años de pagar sus mensualidades hipotecarias religiosamente, Ricardo Rápido finalmente termina de pagar su casa. Hace una fiesta, invita a sus amigos y celebra que, por fin, es un hombre libre del yugo hipotecario y la casa es realmente suya. Tiene un capital acumulado de 101.037,55 (el valor de su propiedad).

Por otro lado, con menos bombos y platillos, la inversión de Pedro Paciente en el banco alcanza la increíble suma de *239.227,24* dólares ¡en dinero efectivo!

Además, por supuesto, Paciente tiene el capital de su casa lo que le lleva a tener un activo acumulado de más de ¡340 mil dólares!

¿Cómo es posible? Pues la razón principal por el éxito económico de Pedro Paciente tiene que ver con la forma en la que planeó el pago de sus intereses hipotecarios. Por eso es que en mi historia dejé de lado ciertos factores importantes como la fluctuación de los precios de las casas y la inflación del país.

La enseñanza principal de esta historia tiene que ver con la cantidad de intereses que pagaron cada uno de los protagonistas.

Ricardo Rápido, con un carácter típico de nuestras tierras quiso tenerlo todo lo más rápido posible. Pero eso tiene un precio. Para él, fue de $117.257,92 en intereses hipotecarios.

Pedro Paciente, por su lado, supo esperar y sufrir por 10 años en una casa más pequeña y en un barrio con menos «estatus» que el de Rápido, pero ese planeamiento económico a largo plazo trajo sus beneficios. Paciente solamente pagó $35.670,95 en intereses (casi un tercio de lo que pagó Rápido). Aún más: su dominio propio y su carácter maduro le ayudaron a invertir el dinero que muchos de nosotros gastaríamos en nuevos «proyectos» familiares.

El principio a seguir, entonces, en la nueva economía de mercado es que, cuando hablamos del pago de intereses, el juego se llama «El que paga pierde».

Una nota más que quizás es obvia: la acumulación de un capital de 340 mil dólares le tomó a Pedro Paciente treinta años de su vida. Eso quiere decir que, si comenzó a los treinta o treinta y cinco años de edad él ahora está a punto de jubilarse. No le queda el mismo tiempo de vida que le quedaba cuando comenzó sus planes financieros a largo plazo y, ciertamente, disfrutó diez años menos de la casa de sus sueños.

Pero Pedro Paciente no está pensando solamente en sí mismo. Paciente está acumulando capital para la siguiente generación: para sus hijos y sus nietos. Él ha sacrificado parte de su satisfacción personal por el bienestar de las generaciones futuras. Este tipo de actitud está desapareciendo de nuestro continente en la medida en la que los medios de comunicación social nos condicionan a disfrutar del «aquí y ahora» sacrificando en el proceso el futuro personal y familiar.

Esa era la actitud que demostraba el carácter de los inmigrantes europeos y asiáticos a nuestras tierras. Era la actitud de mi abuelo y de muchos otros eslavos, alemanes y asiáticos que regaron con su sangre y su sudor el noreste argentino para abrirle surcos a la selva de Misiones y del Chaco Paraguayo. Nos vendría muy bien al resto de nosotros el imitarles.

Para poner en práctica

Escribe, aquí mismo, las cosas en las que crees que debes ser paciente y las áreas de tu vida económica en las que debes empezar a pensar más seriamente a largo plazo (vamos a volver a hablar del tema en la segunda parte de este libro):

_____

_____

_____

_____

_____

_____

_____

_____

Firma y fecha

EL PRINCIPIO DEL
AHORRO

Benjamín Franklin solía decir: «Un centavo ahorrado es un centavo ganado». Esa es una gran verdad: una de las formas más efectivas de darnos un aumento de salario es reduciendo nuestros gastos. Es por eso que al final de este libro ocuparé un buen número de páginas dando consejos prácticos para ahorrar en los gastos de todos los días.

El problema con nuestra capacidad de ahorrar tiene que ver, muchas veces, con la forma en la que nos vemos a nosotros mismos. Algunas personas se verán a ellas mismas como ahorradoras. Tratan de guardar y de ahorrar cuanto centavito encuentren. Otros, por su lado, se ven como «inversores». Este tipo de gente es la que regularmente habla de «invertir» en una computadora, en un auto nuevo, en un televisor, o un equipo de sonido para el hogar.

Sin embargo, aquí hay una idea muy importante para compartir con estos «inversores»: nunca podemos ahorrar gastando. Pareciera ridículo tener que decirlo, pero muchos «inversores» creen sinceramente en las campañas publicitarias que dicen «Compre y ahorre» o «Compre ahora y ahorre después». Cuesta tener que explicar que estos términos son contradictorios y opuestos.

Uno no puede gastar y ahorrar al mismo tiempo, excepto, por supuesto, cuando compramos para satisfacer una necesidad real y la compra se hace a un precio más barato que el regular.

Es por eso que me gustaría hacer un paréntesis para clarificar dos conceptos muy importantes: el concepto de la necesidad y el del deseo.

Antes de clarificar estos dos conceptos quisiera recalcar que no está mal tener deseos y satisfacerlos. No estamos promoviendo el masoquismo. Sin embargo para llegar a fin de mes es importantísimo tener en claro cuáles son nuestras necesidades y cuáles son nuestros deseos. Debemos satisfacer nuestras necesidades primeramente y, luego, satisfacer nuestros deseos solamente en el caso de que tengamos los recursos económicos disponibles para hacerlo.

a. La necesidad

Cuando tomé mis clases de psicología en la universidad, se estudió en alguna de ellas la famosa «Escala de Maslow». Esa escala dividía las necesidades del ser humano en cinco áreas generales que iban desde las más básicas (fisiológicas) hasta la necesidad de sentirse realizado (pasando por la necesidad de seguridad, pertenencia y estima propia).[7]

Sin embargo, para los propósitos de nuestro estudio voy a definir como «necesidad económica» todas aquellas cosas que realmente necesitamos para sobrevivir: comida, vestimenta, un techo sobre nuestra cabeza, etc. No solamente cosas materiales o corporales, sino todo aquello que estemos verdaderamente necesitando para nuestra supervivencia como seres humanos (por ejemplo: seguridad, salud, transporte, etc.).

Nosotros debemos colocar nuestras necesidades en el nivel de prioridad más alto. Debemos buscar suplirlas a toda costa. Allí deben ir nuestros recursos financieros sin mayores dudas ni retrasos.

b. Los deseos

Cuando hablamos de las compras que tenemos que hacer, todo aquello que no es una necesidad, es un deseo. Ya sea un deseo «de calidad» (o, DC), en el que queremos satisfacer una necesidad con algo que tenga una **calidad más alta** o sea un deseo «propiamente dicho» (al que llamaremos simplemente «deseo» y lo identificaremos con la letra «D»), que significa que simplemente quisiéramos tener **algo que nos gusta**.

Un DC (deseo de calidad) podría ser, por ejemplo, un buen pedazo de bistec en lugar de una hamburguesa. El alimento es una necesidad básica del cuerpo. Pero, en este caso, uno está queriendo satisfacer esa necesidad con un producto más costoso y de más alta calidad: un bistec. Lo mismo podría ocurrir en todas las otras áreas de necesidades reales en nuestra vida: podemos comprar un vestido en una tienda de vestidos usados o podemos comprar uno de alta confección. En ambos casos, la vestimenta es una necesidad, pero la forma en la que queremos satisfacer esa necesidad puede transformar la compra en un deseo.

Un deseo «D» es todo aquello que no tiene nada que ver con una necesidad. Comprarnos un gabinete para el televisor, una mesa para el patio de la casa, una videograbadora, un velero o comprar otra propiedad para hacer negocio con ella pueden ser ejemplos de este tipo de deseos.

Nosotros deberíamos satisfacer nuestros deseos solamente después de satisfacer nuestras necesidades y si tenemos los recursos económicos para hacerlo.

Por lo tanto, antes de salir de compras es importante que tengamos en claro lo que es una necesidad y lo que es un deseo. En estos días la gente tiene la tendencia de decir: «necesito una computadora» o «necesitamos una máquina de sacar fotos», cuando, en realidad, deberían estar diciendo: «¡cómo quisiera comprarme una computadora!» o «¡cómo nos gustaría tener una máquina de sacar fotos!».

Lamentablemente, en los últimos treinta años hemos pasado a través de un proceso de condicionamiento para comenzar a hablar de «necesidades», en vez de reconocer nuestros deseos. Al hacerlo, creamos una ansiedad interior que nos impulsa a satisfacer esa «necesidad». Es entonces cuando invertimos nuestro dinero en cosas que realmente podrían esperar y nos olvidamos de proveer para aquellas cosas que realmente necesitamos (ya sea en forma inmediata o a largo plazo).

Finalmente, debemos tomar nota de que no siempre lo que parece un «ahorro» realmente lo es. Por un lado, porque, como dicen muchas damas del continente Latinoamericano: «lo barato sale caro». En algunas circunstancias nos conviene comprar cosas de mejor calidad, pero que nos durarán de por vida, que cosas de baja calidad que tendremos que reemplazar cada cierta cantidad de años.

Por otro lado, no siempre es una buena idea comprar en «ofertas». Si yo compro diez jabones de lavar la ropa porque estaban casi a mitad de precio y después de dos días me quedo sin dinero para comprar leche, he hecho una mala inversión. Ahora tengo dinero sentado en la repisa del cuarto de lavar la ropa riéndose me en la cara porque no puedo prepararme un café con jabón, necesito leche. Este es un típico caso en el que no me conviene «ahorrar gastando».

Sin embargo, si el almacén de la esquina de mi casa está ofreciendo dos litros de leche por el precio de uno, yo debería inmediatamente tomar la oferta (especialmente si tengo niños en casa). La leche es un elemento de consumo diario y es una necesidad básica para mi supervivencia. El jabón de lavar la ropa y otros limpiadores pueden ser reemplazados por alternativas más baratas (en la última sección de este libro estaré dando alternativas creativas y baratas para los químicos que regularmente usamos para limpiar nuestro hogar).

Este último problema de comprar más de lo que uno necesita y tener dinero estancado en las alacenas de la casa es un problema que millones de negociantes confrontan cada día a lo largo y ancho del mundo. Lo creas o no, el manejar la economía de un hogar tiene mucho que ver con la forma en la que se maneja la economía de un negocio, incluso, con la forma en la que se maneja la economía de un país.

Ahora que nos vemos a nosotros mismos como gerentes o administradores, necesitamos comenzar a manejar los negocios de la casa con las mismas herramientas con las que se manejan los negocios en el mundo de hoy. Si tú eres la persona que maneja el dinero en el hogar, a partir de hoy podrás colocar en tu currículo vitae: «Presidente de la Junta Financiera _____ (tu apellido) y Asociados».

Para poner en práctica

Acostúmbrate a diferenciar entre necesidades, deseos de calidad (DC) y deseos propiamente dichos (D). Escribe al lado de cada palabra las letras N, DC o D según corresponda. Compara las respuestas con las nuestras en la siguiente página.

N = Necesidad básica del ser humano.
DC = Deseo de calidad: Necesidad básica satisfecha con una solución de más alta calidad.
D = Deseos. No son necesidades básicas.

1. Comida	11. Educación	21. Fiesta de cumpleaños	
2. Pantalón	12. Casa	22. Comidas en restaurantes	
3. Zapatos	13. Vivienda	23. Turismo en las montañas	
4. Bistec	14. Transporte	24. Herramientas	
5. Helado	15. Auto	25. Teléfono	
6. Vacaciones	16. Pela papas	26. Juguetes	
7. Televisor	17. Dulces	27. Vestido	
8. Radio	18. Perfume	28. Limpiadores	
9. Computador	19. Video	29. Regalos especiales	
10. Café	20. Soda	30. Mascotas (perro, gato, etc.)	

Respuestas:

N   = Necesidad básica del ser humano.
DC = Deseo de calidad: Necesidad básica satisfecha con una solución de más alta
      calidad.
D   = Deseos. No son necesidades básicas.

1. Comida	N	11. Educación	N	21. Fiesta de cumpleaños	DC
2. Pantalón	N	12. Casa	DC	22. Comidas en restaurantes	DC
3. Zapatos	N	13. Vivienda	N	23. Turismo en las montañas	DC
4. Bistec	DC	14. Transporte	N	24. Herramientas	DC
5. Helado	D	15. Auto	DC	25. Teléfono	DC
6. Vacaciones	N	16. Pela papas	D	26. Juguetes	D
7. Televisor	D	17. Dulces	D	27. Vestido	N
8. Radio	DC	18. Perfume	D	28. Limpiadores	DC
9. Computador	D/DC	19. Video	D	29. Regalos especiales	DC
10. Café	D	20. Soda	DC	30. Mascotas (perro, gato, etc.)	D

Notas:

8. Radio: la radio cumple una función diferente de la función que cumple la TV. La radio es un importante medio de información, de socialización y de contacto comunitario. Es por eso que la hemos colocado como «DC». En algunos pueblos del interior podría llegar a ser «N». La TV es, primordialmente, un medio de entretenimiento.

9. Computador: depende para que se la use, una computadora puede llegar a cumplir ciertas funciones muy necesarias en el hogar (organizar las finanzas, educación de los niños, investigación en Internet, etc.). En otros casos, se lo usa como una fuente de entretenimiento casi exclusivo.

12/13. Casa/Vivienda: si bien la vivienda es una necesidad básica del individuo, la casa no lo es. Uno podría satisfacer la necesidad, por ejemplo, de vivienda alquilando un departamento.

20. Gaseosa (agua o jugo con gas): al igual que todas las otras bebidas gasificadas y jugos, es un DC porque el beber líquidos es una necesidad básica de

los seres humanos. Necesitamos beber agua. Los jugos y gaseosas son una elección más costosa para satisfacer esa necesidad.

22/23. Comidas afuera y turismo: la recreación es una necesidad, pero podríamos recrearnos sin la necesidad de comer fuera ni tener que hacer turismo. Esas son elecciones «de calidad» para satisfacer la necesidad básica.

29. Regalos especiales: amar y sentirse amado es una necesidad básica de los seres humanos. Sin embargo, podríamos demostrar nuestro amor hacia otros sin necesariamente tener que comprar regalos. Es una elección de satisfacer la necesidad con una solución de más alta calidad. Por eso es DC.

El principio de la
integridad

Como dijimos al comienzo, la forma en la que manejamos nuestro dinero tiene mucho que decir sobre quiénes somos interiormente como personas: las cosas que valoramos, los principios que obedecemos y el proceso de pensamiento que seguimos para tomar decisiones. Es por eso que esta primera parte está diseñada para producir un cambio interior primero, que pueda producir un cambio exterior después.

De nada vale «vestir a la mona de seda». Lo que debemos hacer es sufrir una transformación interior que nos lleve a realizar cambios exteriores por el resto de nuestras vidas. Hasta aquí, entonces, lo que hemos aprendido:

a. Debemos vernos como administradores (desprendernos emocionalmente de nuestras posesiones).

b. Debemos aprender a ser felices en el lugar económico en el que nos encontremos.

c. Debemos encarar nuestra vida financiera con perseverancia, mirando hacia toda nuestra vida y no solamente hacia el día de hoy.

d. Debemos aprender a ser ahorradores, diferenciando entre necesidades y deseos.

En segundo lugar, si queremos lograr la prosperidad integral de la que hemos hablado al comienzo, no solamente debemos desarrollar una actitud diferente frente a la vida, sino que también debemos trabajar en nuestro carácter.

Desarrollar las bases de un carácter sólido es la única manera en la que vamos a poder tomar exitosamente las decisiones económicas que necesitamos tomar cada día.

Clarificando el concepto de la madurez

Cuando éramos niños, nuestra madre nos forzaba a tomar la sopa. No sólo eso, también teníamos que comer todo tipo de verduras que sabían horrible como espárragos, yuca (mandioca), habichuelas verdes y hasta algunos de nosotros debíamos deglutir el famoso aceite de hígado de bacalao. Sin embargo, ahora en nuestra edad madura no dudamos en prepararnos una buena sopa o comernos un buen plato de verduras.

¿Qué ha pasado en nuestras vidas? ¿Es que tememos que la mano de nuestra madre nos encuentre, como lo hacía en aquellos días de nuestra niñez y nos dé una palmada allí donde termina la espalda?

En general, la respuesta es «no». Lo que ha ocurrido es que, a medida que hemos madurado, hemos aprendido un principio importante en la vida: debemos alimentarnos con regularidad para sobrevivir. También hemos comenzado a valorar las comidas con un alto contenido de nutrientes.

Ahora hemos aprendido a valorar comidas nutritivas y, aunque nunca antes hayamos probado un determinado alimento, podemos decidir si lo queremos comer o no simplemente haciendo un par de preguntas sencillas antes de probarlo. De esa manera podemos determinar el valor nutritivo del mismo, saber si es bueno para nosotros, si nos va a caer mal al hígado y si lo vamos a tomar o no.

Lo mismo ocurre con nuestras decisiones económicas. Es imperativo que maduremos, que crezcamos en nuestro carácter, para poder tomar las decisiones diarias que nos llevarán hacia el éxito. No puedo tomar esas decisiones por ti. Tú tendrás que hacerlo por tus propios medios. Lo que puedo hacer por ti es mostrarte el camino, pero debes ser tú el que debes decidir recorrerlo.

La adolescencia social

Uno de los problemas de carácter más recurrentes en la sociedad de consumo de hoy es el tener millones de adolescentes que tienen entre treinta y cuarenta años de edad. Es cierto que cronológicamente tienen treinta y cinco, quizás treinta y siete años, pero mentalmente ¡son adolescentes!

La madurez implica paciencia, integridad, honestidad, transparencia en las relaciones, amor comprometido, compasión por los demás y una buena dosis de dominio propio. Si desarrollamos esas tendencias en nuestro carácter no hay lugar en el mundo donde no podamos llegar a la prosperidad integral.

Mi carácter y mis valores en la vida determinarán, entonces el rumbo que habré de seguir cada vez que me enfrente con una nueva alternativa financiera frente a mí. Mi carácter es un boomerang: eventualmente volverá a mí para ayudarme o para golpearme.

Tomás Paine decía: «Carácter: mejor cuidarlo que recobrarlo».

«Carácter es lo que una persona hace cuando se halla desprevenida. Es la mejor indicación del tipo de hombre o mujer que esa persona es», decía C. S. Lewis. «Si hay ratas en el sótano, probablemente te encuentres con ellas si entras en forma repentina. Pero la velocidad con la que han ocurrido las cosas no es lo que ha hecho que las ratas existan, solamente no les ha dado tiempo para esconderse. De la misma manera, la provocación repentina no me hace estar de mal humor; simplemente muestra lo malhumorado que soy».

La mejor forma de saber qué tipo de persona es un determinado individuo, dijo alguna vez Abigail Van Buren, es notar: a) cómo trata a las personas que no pueden resultarle de ningún beneficio y b) cómo trata a las personas a las que no puede contraatacar.

Una de las marcas más importantes de un carácter maduro es la integridad personal. Stephen Carter, profesor de la Escuela de Leyes de la Universidad de Yale y autor del libro *Integrity* [Integridad], explica que la integridad requiere de tres pasos concretos:

a. Discernir lo que está bien de lo que está mal (saber qué es lo bueno y lo malo).

b. Actuar de acuerdo a esas convicciones, aún a pesar de tener que pagar un precio en lo personal por hacerlo.

c. Expresar abiertamente frente a otros que uno está actuando de acuerdo a su propio discernimiento del bien y del mal.[8]

Cuando viajo ofreciendo conferencias, especialmente en aquellas que presento para empresarios y políticos, con regularidad defino «integridad» de la siguiente manera:

Integridad es...
Hacer lo que se tiene que hacer,
Cuando se tiene que hacer,
Como se tiene que hacer,
Sin importar las consecuencias.

Nuevamente, y ahora remarcando lo que creo que es importante:

> *Hacer* lo que se tiene que hacer,
> *Cuando* se tiene que hacer,
> *Como* se tiene que hacer,
> *Sin importar las consecuencias.*

Si queremos disfrutar de la prosperidad integral, entonces, en primer lugar debemos desarrollar un carácter íntegro, sólido. Debemos descubrir las cosas en las que creemos y aprender a vivir de acuerdo a ellas, cueste lo que nos cueste. Ese es el tipo de hombre o mujer que el mundo admira.

Marco Polo, Gandhi, Martín Lutero, Judas Macabeo, Bolívar, Bernardo O'Higgins, José de San Martín, Martin Luther King Jr., la Madre Teresa de Calcuta y tantas otras personas que admiramos (y que me falta el espacio para nombrar), demostraron, justamente, ese tipo de carácter. Ese es el tipo de personas que recordamos a través de los años y a través de las generaciones.

Se dice que Abraham Lincoln dijo una vez: «Tú puedes engañar a todos algún tiempo, puedes engañar a algunos todo el tiempo, pero no puedes engañar a todos todo el tiempo».

Eventualmente la gente a tu alrededor sabrá quién realmente eres. Especialmente la gente que se encuentra más cerca de ti.

Tengo dos historias interesantes que contarte: la primera tiene que ver con uno de los abogados de Al Capone.

Uno de los abogados de Al Capone se llamaba «Easy» Eddie (Eduardo «el Tranquilo»). «Easy» (se pronuncia «Isi») Eddie tenía fama de ser uno de los mejores y más sagaces abogados en todo Estados Unidos. Tal era su capacidad para manejar casos difíciles que el gobierno federal norteamericano había invertido cantidades enormes de dinero para encarcelar a Al Capone sin mucho éxito.

Al Capone, por su parte, premiaba a su inteligente abogado con un sueldo respetable, lujos, poder político y hasta una casa que cubría toda una manzana en la ciudad de Chicago.

«Easy» Eddie estaba casado y un día él y su esposa tuvieron un hijo. Eddie amaba profundamente a su hijo. Como todo padre, trataba de enseñarle la diferencia entre el bien y el mal, y le proporcionaba una buena educación, dinero, vacaciones regulares, la mejor vestimenta de moda, automóviles, etc.

Sin embargo, había una cosa que «Easy» no podía darle a su heredero: un buen nombre. Los amigos de su hijo lo confrontaban con la triste realidad de que su padre era el que estaba permitiendo que un gángster como Al Capone continuara robando, matando y corrompiendo a la sociedad.

«Easy» Eddie lo pensó por un tiempo. Bastante seriamente. Un día, decidió que ese no era el ejemplo que le quería dejar a sus hijos (ya maduros) y a sus nietos. Eddie hizo contacto con las autoridades y se entregó a la policía para hacer lo que era correcto, a pesar de las consecuencias. Fue gracias a su testimonio en corte que, finalmente, el gobierno norteamericano colocó a Al Capone tras las rejas.

El abogado «Easy» Eddie fue acribillado a balazos en una oscura calle de Chicago no mucho tiempo después.

La segunda historia tiene que ver con un desconocido piloto de la fuerza aérea norteamericana.

El 20 de febrero de 1942, durante una de las batallas en el Pacífico, el portaaviones *Lexington* al cual su escuadrón estaba asignado recibió órdenes de atacar posiciones japonesas en Nueva Guinea. Desafortunadamente para los norteamericanos, la nave de guerra fue detectada por los japoneses unos 600 kilómetros antes de llegar a destino. No mucho después, los aviones *Wildcats* del Lexington entraron en combate con dieciocho bombarderos japoneses.

Los primeros nueve fueron destruidos por los *Wildcats*, pero cuando la segunda tanda de bombarderos llegaron a las inmediaciones del Lexington, solamente este joven piloto y su acompañante estaban lo suficientemente cerca de la formación japonesa para defender la nave.

Para colmo de males, las ametralladoras del avión del acompañante se trabaron y nuestro joven piloto queda absolutamente solo frente a los nueve bombarderos enemigos. En un acto de heroísmo absoluto, este piloto apuntó su *Wildcat* hacia los bombarderos enemigos y en medio de una verdadera lluvia de balas atacó de frente a toda la formación.

En su primera pasada, derribó su primer bombardero, y, mientras este caía al agua, ya estaba derribando su segundo. Sin descanso, se volvió al resto del grupo y derribó tres más, y cuando se le acabaron las municiones utilizó su propio avión como arma para tratar de golpear las alas de los japoneses y eliminar a los demás. Su ataque fue tan efectivo, que retrasó el ataque nipón y le dio tiempo al resto del escuadrón americano de llegar y eliminar a los que quedaban.

Ese día este joven piloto norteamericano salvó a su portaaviones y defendió la vida de todos sus camaradas. Por este acto de valentía y renunciación personal, fue ascendido a Teniente Comandante y recibió la más alta condecoración que ofrece el gobierno de los Estados Unidos: La Medalla de Honor del Congreso.

Ese joven piloto se transformó, entonces, en uno de los héroes más conocidos de la segunda guerra mundial. Su nombre es «Butch» O'Hare. Nombre, que para honrar su memoria, lleva hoy en día el aeropuerto de la ciudad de Chicago, uno de los más grandes del mundo.

¿Por qué te conté estas dos historias? ¿Qué tienen ellas en común?

Lo que tienen en común es que «Butch» O'Hare era el hijo de «Easy» Eddie.

No hay un legado más precioso que podamos dejar a nuestros herederos que el ejemplo de un carácter sólido… a pesar de las consecuencias. Piénsalo.

Para poner en práctica

Clarificar cuáles son las cosas que valoramos en la vida es un paso muy importante para darnos cuenta de cómo tomamos decisiones financieras.

Por ejemplo, todos consideramos importante la obediencia a las leyes de nuestro país (nos enojamos cuando alguien se hace rico violándolas). Sin embargo, para algunos de nosotros esa obediencia a las leyes nacionales nos dura hasta el momento en el que tenemos que pagar impuestos. Allí la cosa cambia.

Entonces nos damos cuenta de que valoramos más nuestro estado económico que la lealtad a las leyes impositivas.

Encontré en algún cajón de mi escritorio un interesante ejercicio sobre clarificación de valores que cayó en mis manos hace años y que me gustaría compartirlo contigo a continuación. Coloca una «x» a la derecha de las diez palabras que representan aquellas cosas que más valores en la siguiente lista de ideas. Luego coloca un número «1» junto al valor más importante de la lista de los diez que seleccionarás primero.

Afecto (cariño, amor, cuidado de/ por otros)	**Desarrollo personal** (uso del potencial como persona)	**Placer** (diversión, entretenimiento, disfrutar de la vida)
Amistades (relaciones cercanas con otros)	**Estabilidad económica**	**Poder** (control, influencia)
Amor propio (orgullo por logros, integridad personal)	**Fama** (llegar a ser muy conocido)	**Posición social** (status, respeto de los demás)
Avance laboral (ascensos, promociones)	**Familia**	**Responsabilidad personal**
Aventuras (nuevas experiencias desafiantes)	**Integridad** (honestidad, sinceridad)	**Sabiduría**
Ayudar a los demás	**Lealtad** (obediencia, deber)	**Salud** (mental y física)
Capacidad económica (tener dinero, cosas de valor)	**Libertad** (independencia, autonomía)	**Seguridad social**
Creatividad (Desarrollo de nuevas ideas)	**Logros personales** (sentimiento de haber logrado algo)	**Sentido de pertenencia** (sentirse amado por novio/a, pareja).
Competencia (ganar, tomar riesgos)	**Orden** (tranquilidad, estabilidad)	**Vida espiritual** (relación con un ser supremo/ creador)
Cooperación (trabajo en equipo)	**Paz interior** (estar en paz consigo mismo)	

El problema de la ética situacional

El problema de la ética situacional es que siempre depende de la situación y no de valores absolutos. Desde que hemos dejado de lado los valores absolutos y vivimos en un mundo de tanta relatividad, nos acomodamos a las situaciones como mejor nos convenga. Los latinoamericanos no somos una excepción a este problema y muchas veces actuamos con este tipo de ética. Sabemos que decir la verdad es importante y le enseñamos a nuestros hijos a decírnosla, pero cuando llega el momento de la presión, preferimos crucificar al prójimo que perder las cosas que valoramos.

Cuántos de nosotros hemos sido víctimas de la estafa. A cuántos se nos ha dicho: «No te preocupes, ni bien cobro te devuelvo todo lo que me prestaste»; o: «La semana que viene voy a tener todo el dinero para pagarle la renta, señora, ¡se lo juro!»; o, quizás: «Este es un negocio, hermano, es un negocio perfecto, ¡no se puede perder!»

La realidad, sin embargo, es que todavía estamos esperando que se nos devuelva el dinero prestado, que se nos pague el alquiler atrasado y ni siquiera queremos hablar de la cantidad de dinero perdido en el negocio que nos propusieron.

No quisiéramos hacer de este un libro filosófico y corremos el peligro de hacerlo cuando comenzamos a hablar de temas como este. Sólo mencionaré ideas filosóficas en la medida en la que afectan la forma en que tomamos decisiones económicas y, por lo tanto, no nos permiten llegar a fin de mes o disfrutar de prosperidad integral.

Por eso es que voy a definir el decir la verdad como el «decir las cosas como en realidad son». Y vamos a enfatizar en decir la verdad, cueste lo que cueste.

Por ejemplo, aprender a decir a nuestro prestamista: «No te preocupes. Te voy a devolver cada centavo que te debo. No se cuándo, porque estamos muy apretados económicamente ahora; pero puedes tener la seguridad de que, aunque me tome el resto de mi vida te lo voy a pagar todo», en vez de prometer lo que sabemos que no vamos a poder cumplir a menos que ocurra un milagro.

Lecciones de nuestra niñez

Recuerdo cuando pequeño jugar a un juego que se llamaba «verdad o consecuencia». Si no se decía la verdad con respecto a una determinada pregunta, se debía sufrir una «consecuencia» que la elegían generalmente los demás participantes del juego. Es interesante darse cuenta cómo los juegos que jugábamos cuando niños tienen tanto que enseñarnos cuando llegamos a la edad adulta...

Lamentablemente, algunos de nosotros a través de los años sufrimos un reentrenamiento filosófico. Por ejemplo, la enseñanza materna de decir siempre la verdad, de hacer el bien y evitar el mal, se transforma en la enseñanza escolar basada en la ética situacional que dice que no existen lo absolutos y que las cosas están bien o mal de acuerdo a la situación.

Cuando uno viaja con regularidad o vive en una gran ciudad como Lima, Miami o Santiago de Chile se da cuenta de que hay muchas y diferentes formas de hacer las cosas alrededor del mundo. Diferentes culturas tienen diferentes costumbres y diferentes países tienen formas diferentes de hacer las cosas. Sin embargo, en medio de esa diversidad global que vemos el día de hoy, afirmar que no existe el bien y el mal o que no hay formas correctas e incorrectas de actuar con nuestro prójimo es «vivir en el País de las Maravillas», no muy en contacto con la realidad.

La existencia del bien y del mal es una de las piedras fundamentales del orden social que vivimos en el mundo el día de hoy. Otra piedra fundamental es que para cada acción existe una reacción, y para cada decisión, una consecuencia.

Quizás es porque, justamente, queremos evitar la consecuencia de nuestras acciones que no decimos la verdad. Pero esa actitud, generalmente, termina teniendo un costo material, personal, social y espiritual más grande del que originalmente no estábamos dispuestos a pagar.

La mentira tiene «patitas cortas»

Tomando como ejemplo un caso ocurrido en nuestros días, podemos ver la relación entre acción y reacción (verdad y consecuencia) durante el mandato del presidente norteamericano Bill Clinton. Cuando el presidente Clinton, por ejemplo, no dijo la verdad con respecto a su relación con la señorita Mónica Lewinski, le costó a su país más de 40 millones de dólares en gastos de investigación y le costó al pueblo norteamericano una gran cantidad de pena y dolor.

Lo mismo podríamos decir de las diferentes situaciones y problemas que ha creado la falta de verdad en nuestros países hispanos. La razón por la que no escribo casos específicos es porque no quiero ofender a ninguno de nuestros países hermanos y porque tú conoces esos casos mejor que yo.

Pero no sólo los políticos tratan de esquivar la verdad de vez en cuando, también lo hacen la gente de negocios. La razón principal de la crisis del sudeste asiático de 1998-1999 se debió a que el sistema bancario japonés permitía y animaba a realizar préstamos a «compadres» de los tomadores de decisiones dentro de los bancos sin una seguridad de que esos préstamos se iban a pagar algún día. Muchos de esos préstamos eran simplemente una farsa y, eventualmente, el castillo de arena se derrumbó arrastrando con ellos a cientos de miles de personas a la miseria y a la muerte.

Sin embargo, y más allá de los negociantes y políticos, debemos reconocer que nosotros también debemos trabajar en ser más veraces.

Ser más veraces con nuestro esposo o esposa, con nuestros hijos, con nuestro jefe en el trabajo o con nuestro socio en el negocio.

Decir la verdad a pesar de las consecuencias es la marca de un carácter maduro. Es el tipo de carácter que están buscando hoy tanto las empresas grandes como las pequeñas. Es uno de los valores que demuestran el nivel de confiabilidad que se puede tener en una determinada persona. Cuando uno va a invertir en emplear a alguien o cuando va a realizar una negociación por millones de dólares es imperativo poder confiar en el individuo con el que uno está haciendo negocios.

Conozco personalmente casos en que empresarios hispano americanos han perdido oportunidades de negocios por cientos de miles de dólares porque su modo de conducta no inspiraba confianza en el inversor extranjero.

La verdad tiene consecuencias, la mentira también

Hace algunos años atrás la empresa de aviación Douglas estaba compitiendo con la Boeing para venderle a Eastern sus primeros jets. Se dice que el conocido héroe de guerra Eddie Rickenbacker, en ese tiempo el presidente de Eastern, le dijo al señor Donald Douglas que las especificaciones que le había dado para sus aviones demostraban que los DC-8 eran tan buenos como los de Boeing, excepto por la cantidad de ruido dentro del avión. Rickenbacker entonces le dijo a Douglas que le daría una última oportunidad para mejorar su propuesta y presentar mejores números que los presentados por Boeing en cuanto a ese factor. Luego de consultar con sus ingenieros, Douglas llamó a Rickenbacker y le dijo que la verdad era que no podía prometer que sus aviones tuvieran menor cantidad de ruido en la cabina. Rickenbacker entonces le contestó: «Yo ya lo sabía. Sólo quería ver si usted era todavía honesto» y firmó con él un contrato por millones de dólares.[9]

W. Michael Blumenthal, el presidente de la compañía Unisys, habló en una entrevista con Jerry Flint en la revista Forbes del tipo de gente que él elegiría para trabajar en el tope de su empresa: «al elegir gente para las posiciones más altas uno tiene que estar seguro de que saben la diferencia entre el bien y el mal, que tienen el deseo de decir la verdad, la valentía de expresar lo que piensan y de hacer lo que es correcto, aunque no sea políticamente aceptable. Esa es la calidad de gente que debe estar al tope de la empresa…»

La verdad trae sus consecuencias. Las mentiras también.

Oí una vez la historia de un padre que estaba teniendo problemas con su hijo en el área de la mentira. Él le decía al jovencito que estaba faltando a la verdad con cierta regularidad, mientras que el hijo se defendía diciendo que no lo hacía.

Para demostrar su caso el padre llegó a un acuerdo con su heredero en que por el espacio de un mes cada vez que el hijo fuera hallado diciendo una verdad a medias o una mentira el padre clavaría un clavo en una sólida puerta de madera que se encontraba en el fondo de la casa. Y así ocurrió: cada vez que el joven era descubierto diciendo algo que no era verdad, el padre, pacientemente, tomaba un martillo y clavaba un clavo en la puerta de madera.

Al transcurrir el mes, tanto padre como hijo se encontraron frente a la famosa puerta para ver los resultados: ¡estaba totalmente cubierta de clavos!

El hijo, arrepentido, le preguntó al padre qué podría hacer. El padre, entonces, sugirió que a partir de ese momento cada vez que el niño eligiera voluntariamente decir la verdad con valentía, a pesar de las consecuencias, su padre iría al fondo de la casa y removería uno de los clavos que había colocado sobre la madera.

Esa idea desafió al jovencito a cambiar su actitud y no mucho tiempo después el padre se dio cuenta de que estaba quitando el último clavo que le quedaba por remover. Antes de hacerlo, llamó a su querido hijo para que presenciara la escena y pudieran celebrar juntos. Sin embargo, contrariamente a lo que estaba esperando el padre, su hijo no se veía feliz al terminar la ceremonia de la remoción de clavos.

«Hijo», le preguntó su padre, «¿No estás contento de hayamos quitado todos los clavos de la puerta?»

«Sí, papá, me alegra que los hayamos quitado», dijo el hijo. «Pero lo que me da tristeza es que, a pesar de haber quitado todos los clavos, allí quedan todavía los agujeros…»

Ese es el problema con las mentiras: a pesar de que más adelante en la vida podamos explicar nuestro comportamiento y pidamos perdón por nuestras acciones, siempre quedarán los agujeros.

Para poner en práctica

Decía Sócrates que una vida sin un constante auto-examen no vale la pena vivirla.[10] Escribe, entonces, con sinceridad las respuestas a las siguientes preguntas:

«¿Estoy haciendo algo que no es totalmente veraz, o estoy involucrado en algo que viola mis principios de vida? ¿Qué es?»

_____

_____

_____

_____

«¿Qué consecuencias podría traerme el decir la verdad?»

_____

_____

_____

_____

«¿Cómo voy a hacer para cambiar esta situación?»

_____

_____

_____

_____

El principio del amor y la compasión

El amor y las finanzas

¿Qué tiene que ver el amor con las finanzas? Mucho. El amor es lo que nos provee del balance adecuado en la sociedad de consumo que nos toca vivir. Nos permite tener la actitud correcta frente a un sistema económico basado en el consumismo. Nos permite saber esperar y entender claramente la razón por la cual comprar. Nos da la capacidad de reaccionar correctamente frente a la injusticia y frente a la estafa. Nos permite poner en práctica el perdón.

Una economía de mercado sin corazón se convierte en una jungla, en la que solamente el más fuerte sobrevive; o se convierte en un mar en el cual el pez más grande se come al chico. ¿Suena familiar la comparación?

Si queremos llegar a la prosperidad integral, debemos empezar a valorar el amor y el compromiso hacia los demás. La mejor definición que conozco sobre qué es el amor la he leído en la carta de San Pablo a los griegos que vivían en la ciudad de Corinto e incluye los siguientes valores:

> El que ama, tiene paciencia en todo y siempre es amable,
> El que ama no es envidioso, ni presumido ni orgulloso.
> No es grosero ni egoísta.
> No se enoja por cualquier cosa.
> El que ama no guarda rencor.
> No aplaude a los malvados sino a los que hablan con la verdad.
> El que ama es capaz de sufrirlo todo, de creerlo todo,
> de esperarlo todo, de soportarlo todo.
> El amor nunca deja de ser.[11]

Si no sabemos **soportar**, no tenemos dominio propio, que es clave para el éxito en el manejo de nuestras finanzas.

La **envidia**, la **presunción**, el **orgullo** y el **egoísmo** son «torpedos financieros» en nuestra vida económica. Puede que estemos haciendo todo lo demás correctamente y estemos luchando exitosamente la batalla en la superficie financiera de nuestras vidas. Pero estos «torpedos» se acercan silenciosamente por debajo de la superficie y, de un solo golpe, destrozarán todo el trabajo de nuestras vidas.

El **enojarse** y el **guardar rencor** son una carga emocional que debemos llevar a cuestas cada día desde que nos levantamos hasta que nos vamos a dormir. Nadie puede ser cien por ciento exitoso y efectivo con una carga emocional como esa. Si no aprendemos a perdonar y a dejar esas cargas en el pasado nunca podremos disfrutar de la prosperidad integral, porque ella implica no solamente el éxito en lo financiero, sino también el éxito en la vida personal, la vida familiar y la vida interior.

La **bondad**, el **buen trato** hacia los demás (no ser «grosero»), el sentido de **justicia**, y un **carácter perseverante** (sufrirlo todo, creerlo todo, esperarlo todo, soportarlo todo), nos permitirán crear el ambiente para que nos ocurran las cosas positivas de la vida. Para recibir ayuda de los demás en el momento de necesidad. Para recibir la mano amiga que nos llevará hacia arriba cuando menos lo esperamos. Para recibir las bendiciones de Dios.

El amor es una decisión. No es solamente un sentimiento. En realidad, lo que siento por los que me ofenden es odio. Pero si los amo, es porque he decidido hacerlo.

El amor es una decisión de nuestra voluntad.

Uno puede «amar si»:

–Te amo si me amas.

–Te amo si te portas bien (dicen las madres a sus hijos).

–Te amo si satisfaces mis expectativas.

–Te amo si haces lo que yo te digo.

Uno puede «amar porque»:

–Te amo porque me amas.

–Te amo porque eres guapo/guapa.

–Te amo porque tienes recursos económicos.

–Te amo… ¡porque no pude atrapar a ningún otro!

Pero el verdadero amor se expresa en «amar a pesar de»:
–Te amo a pesar de que no me amas.
–Te amo a pesar de que no llenas mis expectativas.
–Te amo a pesar de que estás envejeciendo o no eres tan linda como antes.
–Te amo a pesar de que no eres de mi misma raza o no piensas igual que yo.
–Te amo a pesar de que hoy siento que no amo ni a mi propia madre.

Aprender a amar «a pesar de» no solamente refleja tener en muy alto grado el valor espiritual de la vida, sino que también «amar a pesar de» es esencial para sentirnos realizados como personas.

El poder de la compasión

Yo declaro ser nada más que un hombre común,
con capacidades menores que las de un hombre promedio.
No me cabe la menor duda que cualquier hombre o mujer
puede lograr lo que yo he logrado
si realiza el mismo esfuerzo
y cultiva la misma esperanza y la misma fe.

MAHATMA GANDHI

Valorar la compasión hacia los demás en la vida está íntimamente ligado con el valor anterior. La compasión hacia los demás es, justamente, el resultado natural de un amor incondicional. Esa es la actitud que hace grande a los países, a las sociedades, a las familias y a los individuos.

Aristóteles dijo 300 años antes de nuestra era que «en los lugares donde alguna gente es extremadamente rica y otros no tienen nada, el resultado será una democracia extrema o una absoluta oligarquía. El despotismo vendrá de cualquiera de esos dos excesos».[12]

El amor al prójimo, la ternura y la compasión nos permiten balancear las diferencias y ayudar al necesitado con sus deficiencias para lograr una mejor sociedad en cada uno de nuestros países. No por obligación ni por lástima, sino por compasión.

Yo estoy convencido de que muchos de los problemas sociales, de injusticia y de pobreza que vivimos en nuestro continente son, justamente, el resultado de la falta de amarnos unos a otros y de sentir verdadera compasión por los necesitados.

El fuerte énfasis «familista» en nuestro continente, como lo explica Fukuyama, nos hace definir el concepto de «familia» en términos que se limitan a
mis familiares cercanos y que dejan fuera al resto de la gente que vive en el
país. Esa actitud, nos lleva a defender y buscar los intereses de la familia de sangre «a muerte» muchas veces a costa de defraudar a los demás ciudadanos de
nuestro país.

Por otro lado, cuando hablamos de ayudar a los pobres, en lugar de tener
una actitud de compasión, tenemos una de lástima.

La lástima me coloca en una postura superior a mi prójimo. Por lástima yo
doy una limosna. Sin embargo, la compasión me coloca *junto* a mi prójimo.
Por compasión estoy dispuesto a dar mi vida en pos de un ideal.

Compasión es una palabra compuesta: con-pasión y significa «tener la misma pasión», «tener el mismo sufrimiento que…», o «sufrir con…» Compasión
es la habilidad de sentir el mismo sufrimiento que siente la persona que tenemos al lado.

Alexander Solzhenitsyn, el gran poeta y líder de los derechos humanos en
Rusia, dijo cuando le entregaron el premio Nóbel en 1970: «la salvación del
hombre se encuentra solamente en llegar a hacer que *todo* le importe a *todos*».
El problema de nuestros días es que a todos no hay mucho que nos importe.

Lo opuesto al amor no es el odio. Ya lo dijimos anteriormente: el odio es
un sentimiento, el amor es una decisión.

Lo opuesto del amor es la indiferencia.

El efecto del amor en acción

Para demostrar ternura y compasión uno no necesita gastar fortunas. Uno
solamente tiene que estar dispuesto a colocarse en los zapatos de la persona que
uno tiene al lado y extenderle una mano amiga en el momento de necesidad.

Uno no necesita convertirse en el Dr. Livingston o Judson Taylor, entre-
gando vida y fortuna para viajar por el continente africano o asiático. No hay
necesidad de viajar a la India para unirse al trabajo con los leprosos que estuviera haciendo la Madre Teresa en la ciudad de Calcuta.

Sólo hace falta desarrollar sensitividad interna hacia el dolor ajeno. El problema es que, en medio de tanto dolor, a veces nos volvemos insensibles.

Recuerdo luchar con esa situación de insensibilidad frente al dolor cuando
mi esposa y yo vivíamos en la ciudad de Chicago y ayudábamos a gente de habla
hispana en un barrio que, en 1995 tuvo más de 3.900 crímenes violentos. Era

difícil sentir el dolor ajeno en medio de tanta tragedia. Pero es, justamente, en respuesta a lo vivido durante los once años que pasamos en la «Ciudad de los Vientos» que hoy me siento a escribir este libro.

Uno nunca sabe a dónde lo va a llevar a uno aquello por lo cual uno siente una profunda pasión. Puede que lo lleve a cambiar la vida de un familiar o de un vecino. ¡Puede que lo lleve a cambiar el mundo!

Fue por la pasión que sufría por su pueblo de raza negra que un desconocido pastor protestante como Martin Luther King, Jr. se convirtió en el símbolo de los derechos humanos en Estados Unidos de América. Lo mismo le ocurrió a Nelson Mandela en Sudáfrica, quien pasó de ser un prisionero de más de veinte años en las cárceles sudafricanas para convertirse en el presidente de su país y liderar a su nación en una transición pacífica del apartheid a la democracia.

¿Y qué hablar de gente como Mahatma Gandhi, en la India; Pérez Esquivel en la Argentina, y tantos otros hombres y mujeres como tú y como yo que se abrazaron de la bandera de la compasión para cambiar la situación de sus conciudadanos? ¿Quién sabe lo que tú puedas llegar a hacer en respuesta a una situación de injusticia que tengas por delante?

Sea que la compasión te lleve a ayudar a una persona o a un pueblo entero, lo importante es desarrollar esa sensitividad interior que te permitirá enriquecer tu carácter. Recuerda que la prosperidad financiera no significa nada si no va acompañada de una profunda satisfacción interior de estar haciendo la diferencia en la vida de alguien que nos rodea.

Para poner en práctica

Piensa si hay alguien que está cerca de ti que esté pasando por un momento difícil en la vida. Escribe el/los nombres a continuación:

_____

_____

_____

_____

«¿Qué podrías hacer, en concreto, para demostrar compasión frente a esa situación?»

_____

_____

_____

_____

El principio
del dominio propio

E l séptimo y último principio que enfatizaremos como vital para alcanzar la prosperidad integral es el principio del Dominio Propio. Uno podría definirlo como la habilidad para llevar a cabo algo que se nos ha pedido hacer, para modificar un comportamiento, para posponer una acción y para comportarnos de una manera socialmente aceptable sin ser guiados o dirigidos por alguna otra persona.

El dominio propio es un elemento esencial y una marca clara del carácter maduro de un individuo. Sin él, es imposible hacer un plan financiero y llevarlo a cabo. Sin dominio propio es imposible poder poner en práctica los secretos e ideas que daré en unas cuántas páginas más.

La derrota en esta área de nuestras vidas es la razón más común por la que organizaciones de ayuda financiera en Estados Unidos mantienen a decenas de miles de consejeros ocupados durante todo el año. Se calcula que los norteamericanos hoy en día gastan de promedio un dólar y diez centavos por cada dólar que ganan.

La falta de dominio propio en el país del norte está provocando una cantidad asombrosa de quiebras, tanto personales como empresariales, la cantidad más grande en la historia del país.

Para entender la seriedad del problema que tenemos frente a nosotros con respecto al dominio propio sólo bastaría observar el crecimiento de la industria que ayuda a la gente a perder peso o de la expansión de nuevos problemas de salud que fundamentalmente sean el resultado de un comportamiento riesgoso, como la drogadicción, las enfermedades venéreas y el SIDA.

Hay una canción del famoso cantante Ricky Martin que se llama: «¿Qué día es hoy? (Self-control)» y dice:

¿Qué día es hoy? No me aguanto...
...Sin control en mis actos, de mal humor, me levanto.
No hace sol, ni es verano, mi jardín se ha secado,
ni una flor me ha quedado y mi amor se ha marchado...[13]

No me sorprende que su amor se haya marchado. ¡Yo también lo haría! Es imposible vivir en paz y en comunión con una persona que no tiene control de sus actos, que reacciona de esa manera frente a la adversidad y que ha dejado secar su «jardín de relaciones interpersonales». Antes de pedirle una segunda oportunidad a su pareja (como esta canción lo hace más adelante), yo le recomendaría que haga algunos cambios en su vida interior primero...

Dice un antiguo proverbio chino: «Aquel que conoce a otros es sabio, aquel que se conoce a sí mismo es un iluminado. Aquel que conquista a los demás tiene poder físico; aquel que se conquista a sí mismo es verdaderamente fuerte».[14]

«A pesar de haber vencido a un millón de hombres en el campo de batalla», dicen los escritos del budismo, «en verdad, el conquistador más honorable es aquel que se ha conquistado a sí mismo».[15]

El principio del Dominio Propio es otra piedra fundamental en la construcción del edificio de la prosperidad integral que todos deseamos en la vida. El aprender a valorar el dominio propio y lograr dominarse a sí mismo en el área de las finanzas está clavado en el corazón de los secretos para lograr la prosperidad integral.

Sin embargo, tú harás lo que tu mente piensa y tu mente piensa lo que tú le dices que debe pensar. Hay una serie de frases de nuestro consumismo popular que se han metido en nuestro vocabulario de todos los días y que nos arruinan las posibilidades de salir adelante económicamente. Permíteme escribir algunos ejemplos:

a. «Date un gusto. ¡Te lo mereces!»
b. «¿Qué te hace una mancha más al tigre?»
c. «Compra y ahorra».
d. «Compra ahora, paga después».
e. «Esta es una oferta especial que no se repetirá jamás en tu vida».
f. «La última cuenta la paga el diablo».

g. «Tú necesitas… (y aquí viene siempre el artículo que te quieren vender)».
h. «Lo importante es disfrutar el hoy».
i. «¿Por qué esperar?»

Si te crees las farsas de aquellos que se quieren enriquecer a costa de tu trabajo, terminarás en la mediocridad. Pero si vas a salir del nivel en el que te encuentras, solamente lo podrás hacer, como decía Einstein, llevando a tu mente a un nuevo nivel de pensamiento.

«Siembra un pensamiento y cosecharás una acción», dice un famoso dicho popular, «siembra una acción y cosecharás un hábito; siembra un hábito y cosecharás carácter; ¡siembra carácter y cosecharás un destino!»

La capacidad para concretar tu destino económico está en tus manos: debes tener el ardiente deseo y el absoluto compromiso personal para llevar a cabo tu plan.

A estas alturas, entonces, es tiempo de introducir un elemento clave en el control de tu destino económico: el poder de la voluntad.

El poder de la voluntad

Hace algunos años atrás Alicia, una amiga de mi familia, tuvo un ataque de embolia cerebral. Cuando el coágulo de sangre que circulaba por sus venas finalmente se detuvo en el cerebro causando la embolia, la mitad de su cuerpo quedó paralizado. La falta de oxígeno había destruido células críticas para el pasaje de información que permitían el movimiento de la parte derecha de su cuerpo y del habla.

Dos años y medio más tarde, si uno veía a Alicia por primera vez, nunca se imaginaría que había estado paralizada y muda por casi un año y medio.

¿Qué ocurrió? ¿Cómo se sanó? Bueno, primeramente yo creo que fue un milagro, pero segundo, por el maravilloso poder de la voluntad de su cuerpo, ¡aún sin ella misma quererlo!

Desde casi el mismo momento en el que comenzó su tratamiento, su cerebro comenzó a buscar formas de contrarrestar el problema de comunicación interna que tenía. El cerebro de Alicia sabía que tenía problemas para comunicarse con los músculos para llevar adelante las tareas necesarias. También sabía de las células destruidas por la enfermedad. Sin embargo, en vez de abandonarse a «su destino», como muchas personas lo hacen en Latinoamérica, el cerebro de Alicia comenzó incansablemente a buscar otras rutas de comunicación.

Los doctores y Alicia ayudaron en la tarea proveyendo de ejercicios para refinar el trabajo cerebral y, con el tiempo y mucho esfuerzo, Alicia volvió a caminar, a mover sus brazos y a hablar normalmente.

A pesar de que este no es el resultado de todos los pacientes con este tipo de enfermedad, la enseñanza que nos deja nuestro cuerpo es que hay una tendencia natural hacia la lucha y no hacia la resignación. Nuestro cuerpo luchará por mantenerse funcionando hasta el mismo momento en el que el caos total nos cause la muerte.

Por el sólo hecho de que en un accidente perdamos algún miembro importante de nuestro cuerpo no quiere decir que las plaquetas de la sangre no irán a tratar de tapar el lugar por donde está ocurriendo la hemorragia, o que los glóbulos blancos no irán a tratar de combatir a los gérmenes que están tratando de entrar a nuestro cuerpo. Todo lo contrario. Lo harán y lucharán hasta perecer en la batalla.

Nosotros no estamos hechos para entregarnos al «destino». Estamos hechos para conquistar la tierra y subyugarla. Estamos hechos para ganar.

Uno de los regalos más preciosos que hemos recibido en la vida es el regalo de nuestra voluntad y de nuestro poder de decisión.

El ejemplo de Viktor Frankl

Hace algún tiempo atrás, mientras leía a Steven R. Covey en *Los siete hábitos…* me encontré con la historia de este conocido psiquiatra judío. Me gustaría compartirla contigo.

Frankl era un psiquiatra determinista: creía que las cosas que a uno le ocurrían cuando niño determinaban cómo uno iba a ser en la edad adulta. Una vez que los parámetros de la personalidad estaban establecidos no había mucho que uno pudiera hacer más adelante para cambiarlos.

Frankl cayó prisionero de los nazis y fue llevado con su familia a un campo de concentración. Casi todos sus parientes perecieron en el campo y aun Viktor fue víctima de numerosas torturas y horribles presiones sin saber si viviría para ver una nueva mañana. Un día, sólo y desnudo en un rincón del pequeñísimo cuarto donde le tenían descubrió lo que él mismo llamó más adelante «la última de las libertades del hombre» (una libertad que nadie jamás le podría quitar).

Viktor Frankl se dio cuenta que los nazis tenían el poder para controlar todo su entorno, todo el ambiente en el que él se movía, pero no tenían el poder para controlar cómo él mismo reaccionaría frente a la situación en la que se encontraba. Él todavía tenía la libertad de decidir de qué manera esa situación le afectaría interiormente.

Él podía decidir si dejaría que sus circunstancias le destrozaran emocionalmente o si, en medio de ellas, él continuaría creciendo como persona, manteniendo la calidez de su vida interior en medio del crudo invierno del nazismo en su país.

Es cierto lo que dijéramos con anterioridad: de que para cada acción, existe una reacción; para cada estímulo, una respuesta. Pero Viktor Frankl, en medio de los horrores del campo de concentración nazi descubrió un principio fundamental de la naturaleza humana: de *que entre el estímulo y la respuesta, el ser humano tiene libertad de elección, tiene el* **poder para decidir.**[16]

Es por eso que muchos de nosotros tomábamos la guitarra y, durante los recreos que teníamos en la escuela primaria o secundaria cantábamos con alegría a pesar de que estábamos viviendo las épocas más duras de la dictadura militar en nuestros países Latinoamericanos. Muchos ignoraban por completo esta situación, pero otros elegíamos ser felices «a pesar de».

Tú tienes la libertad de elegir hoy cómo vas a responder a las circunstancias en las que te encuentras. Puedes elegir desesperarte, amargarte, rendirte; o puedes elegir que hoy será el último día en el que el dinero te domine a ti y te amargue la existencia.

Tú puedes elegir hoy mismo disfrutar de calidez interior para contigo y para con los que te rodean, a pesar de estar pasando por un terrible invierno financiero.

Tú puedes elegir hoy mismo, como lo hace tu cerebro, reconocer cuáles son las áreas muertas de tu carácter y determinar que, a partir de hoy, cueste lo que cueste y lleve el tiempo que lleve, vas a encontrar una nueva ruta para llegar a tus metas.

Tú puedes hacerlo. Fuiste creado para conquistar la tierra, no para ser arrasado por tus circunstancias.

Vamos a hacerlo juntos.

Para poner en práctica

¿Cómo vamos a empezar a trabajar, concretamente, en el dominio propio a nivel financiero? Siete cosas para tener en mente:

1. Revisa los principios de la prosperidad y los valores que acabamos de explicar. Escríbelos debajo. ¿Cuáles necesitas incorporar a tu vida?

_____

_____

_____

_____

2. Haz una lista de las cosas que necesitas cambiar en tu comportamiento financiero: ¿Tomas decisiones demasiado rápido? ¿No consultas con otros? ¿Eres un comprador compulsivo? ¿No tienes un plan para controlar tus gastos? ¿Necesitas trabajar en alguna de las áreas de principios que hemos estado hablando? Básicamente: ¿Qué debes cambiar en tu «ser» y en tu «hacer»?

_____

_____

_____

_____

_____

_____

_____

3. Escribe el nombre de una persona que admiras y que le ha ido bien económicamente. Pregúntale si estaría dispuesto/a a darte consejos en tu vida económica. Elige un mentor.

_____

_____

_____

4. Escribe debajo los cambios de actitud que quieras lograr y/o las metas que quieras alcanzar. Aquí hay varios ejemplos: «Voy a tener un "tiempo quieto" todas las mañanas para meditar», «Nunca voy a comprar algo de más de $300 sin pensarlo, por lo menos veinticuatro horas», «Cualquier gasto de más de $50 lo voy a consultar primero con mi cónyuge», «Vamos a estar libre de deudas en cinco años», «Voy a perder quince kilos de peso», «Vamos a tener nuestra casa propia en siete años», «Vamos a comprarnos un auto para la familia», «Vamos a vivir dentro de un plan de control de gastos», y cosas por el estilo.

_____

_____

_____

_____

_____

_____

_____

_____

_____

_____

5. Ahora, escribe estas decisiones en un pedazo de papel y colócalo junto a tu cama. Léelo todos los días, antes de ir a dormir y como primera cosa al levantarte. No hagas nada más al principio. Con el correr de las semanas, si eres consistente, tu mente empezará a trabajar para encontrar formas creativas de hacer realidad esas metas. En la medida que las alcances, tacha la meta con una raya roja. Cuando completes tus metas, mándame una copia de tu lista. Quiero mandarte una carta personal felicitándote por haberlo logrado. Recuerda: ¡has sido creado/a para conquistar!

6. Comienza inmediatamente a poner en práctica los consejos que vienen a continuación. Necesitas, ya mismo, comenzar a cambiar tu «ambiente económico». Un ambiente ordenado, siempre lleva hacia un pensamiento ordenado.

7. Cambia las malas amistades y disminuye al mínimo el contacto con aquella gente que te sea dañina en el proceso de crecimiento que estás comenzando el día de hoy. Recuerda que «la desgracia siempre busca compañía». Esos, que están en desgracia, tratarán de que te quedes con ellos. Se burlarán de ti y se reirán de que estés tratando de ordenar tu vida económica. Aquí no estamos hablando de aquellos que son más pobres en dinero (para con ellos, debes demostrar compasión), estamos hablando de aquellos que son pobres de carácter y que preferirían verte fracasar. Evítalos.

Segunda parte

Siete ingredientes para el éxito económico

Siete ingredientes para el éxito económico

1. Desarrolla un plan para controlar gastos
2. Establece metas y límites económicos
3. Vive los principios de la prosperidad hasta las últimas consecuencias
4. Aprende a compartir
5. Paga tus préstamos
6. Prepárate para la edad madura
7. Planea la distribución de tu herencia

Robert Kennedy dijo una vez: «Algunas personas ven las cosas como son y se preguntan: *¿Por qué?* Yo veo las cosas como podrían llegar a ser y me pregunto: *¿Por qué no?*»

Nunca vamos a salir de la mediocridad en la que estamos y alcanzar la prosperidad integral a menos que estemos comprometidos con la tarea de hacerlo. De nada sirve el decirnos a nosotros mismos «nosotros no hacemos las cosas de esta manera» o «nunca lo hemos hecho así antes».

Pues por eso estás donde estás en la vida: porque no has hecho las cosas de esta manera y porque no las has hecho antes. Si lo hubieras hecho, probablemente ¡las cosas serían diferentes!

Entonces, quiero compartir contigo siete ingredientes que creo que son esenciales para obtener la estabilidad económica a corto y largo plazo.

Quisiera aclarar que estos son ingredientes y no «pasos» para el éxito económico. No debes pensar en esperar a hacer el primero para luego seguir con el segundo, el tercero y así sucesivamente.

Estos son como los ingredientes que un ama de casa mezcla para hacer un pastel: todos deben estar presentes al mismo tiempo para que el pastel salga sabroso. Si falta un ingrediente, puede que no te salga tan bien, o incluso, ¡puede que fracases totalmente! (Especialmente si te olvidas la levadura…)

I. DESARROLLA UN PLAN PARA CONTROLAR GASTOS

Hablamos de un plan para controlar gastos porque el de manejo del dinero que voy a compartir contigo tiene que ser adaptado a tu situación particular, en el país en donde vives. Quizás eso signifique que el «plan» incluya la creación de uno que deba ser calculado anualmente en dólares; quizás, deba ser revisado cada dos o tres meses; quizás signifique que no tengas que tener uno en absoluto, sino que tengas que desarrollar un plan propio para manejar sabiamente tus entradas económicas.

Lo importante es que tengas un plan. Si vives en Estados Unidos o Canadá esta guía para armar el tuyo es exactamente lo que necesitas para manejar tus finanzas con un plan apropiado. Los porcentajes sugeridos son para una familia de cuatro personas que ganan un salario promedio en Estados Unidos. Si no vives en Norteamérica, no les prestes atención. Los hemos colocado en beneficio de los millones de hispanos que sí viven allí.

En esta sección vamos a aprender a armar un plan para su familia, para ti mismo, e incluso, podrá adaptar este material al plan del plan de un negocio o una organización filantrópica como una iglesia, un club social o una organización de beneficencia. Para lograr nuestros objetivos, nos vamos a enfocar en dos áreas importantes. En la primera parte, nos dedicaremos a ver la parte filosófica, en la cual estaremos tratando el «por qué» es necesario armar un plan.

La segunda parte será muy práctica. Iremos punto por punto, armando juntos el plan familiar. Cuando lleguemos a la parte de las categorías, entre una y otra, detente unos minutos para trabajar paso por paso.

1. ¿Por qué tenemos que tener un plan?

Para muchos quizás la respuesta a esta pregunta sería obvia, pero como me la encuentro con regularidad a través del continente voy a tomar algunos minutos para contestarla.

Nosotros planeamos nuestra vida financiera porque no hay otra forma en la que las cosas nos vayan bien. No hay opción.

Si uno ha nacido y crecido, como yo, en un país con un alto índice de inflación, entonces, el planear la forma en la que uno gasta el dinero es una cuestión de vida o muerte. La diferencia entre comer o no comer a fin de mes tiene que ver con la forma en la que hemos realizado las compras durante las semanas previas. Uno se transforma en un pequeño Ministro de Economía (en realidad, conozco alguna gente en mi país que a las que le daría un doctorado *honoris-causa* por haber sobrevivido el desastre económico de comienzos de los ochenta y el del 2001).

Nosotros debemos planear, porque el ser humano ha sido creado con una tendencia natural hacia el orden. El universo tiene un orden, el sistema solar tiene un orden, existen leyes en la naturaleza que proveen orden al mundo que nos rodea, el cuerpo humano tiene un orden tan impresionante que todavía nos cuesta trabajo entender cómo tanta complejidad puede funcionar con tanta armonía.

La sociedad tiende a establecer el orden. Por eso existen las leyes. Permíteme expresarte que yo creo que, para los seres humanos, el orden es más importante que la libertad. Es muy interesante ver cómo, cuando se pierde el orden social, los ciudadanos de un país están dispuestos a entregar sus garantías de libertad constitucional para re-establecer el orden y la paz.

Esta no es una opinión política. Es simplemente la observación de un proceso que nos ha tocado vivir en Latinoamérica: cada vez que perdimos el orden social (o el económico), estuvimos dispuestos a entregar parte de nuestras libertades democráticas con el fin de reestablecerlo.

No hay ningún barco en el mundo que no zarpe de un puerto de salida sin tener asignado un puerto de llegada. No hay ningún avión comercial que no levante vuelo en un aeropuerto sin saber a que aeropuerto habrá de arribar. No existe ningún libro que se comience a escribir sin una idea de lo que se quiere decir. No hay ninguna boda que haya de comenzar sin tener una pareja para casar.

Todo tiene un orden. El universo busca un balance. Todos necesitamos de cierta consistencia en nuestras vidas. Cuando vivía en Chicago me di cuenta que hasta el borrachín más empedernido siempre buscaba la misma esquina a donde sentarse a tomar…

El ser humano tiene una tendencia interior a buscar el orden en medio del desorden.

Es por eso que compraste este libro. Porque sabes que hay áreas de tu vida económica que pueden estar mejor ordenadas; y si lo están, pueden traerte beneficios a ti y a tu familia. Tú y yo, entonces, vamos a buscar el orden en tu vida financiera. Juntos vamos a ordenar tu economía.

Parafraseando un dicho en la literatura sapiencial, podríamos decir:

Conoce bien tu estado contable (cuánto tienes y cuánto debes),
y presta atención a tus inversiones;
porque las riquezas no duran para siempre.

A. ¿Cómo planear?

Hay muchas y diferentes maneras de planear tu vida financiera. En nuestro caso, yo siempre recomiendo que se divida la planificación económica de nuestra vida en dos grandes partes: planes a corto plazo y planes a largo plazo.

Los planes a corto plazo son los que hacemos para manejar nuestro dinero desde ahora y por los próximos doce meses. Si vives en una situación de inflación en tu país, entonces debes considerar hacer los tuyos a un plazo menor. Quizás, a seis meses, quizás a tres. De todas maneras, debemos planear a corto plazo con el fin de establecer un nivel de gastos para nuestra familia.

Los planes a largo plazo son los que hacemos mirando al resto de nuestras vidas. Son planes en los que nos vamos a preguntar, por ejemplo, ¿a qué edad nos pensamos retirar?, ¿nos pensamos jubilar?, ¿qué estilo de vida queremos tener?, ¿cuáles son nuestros sueños económicos?... Pero ya llegaremos a esa parte. Por ahora, es importante concentrarnos en saber qué es lo que pasa con nuestra vida económica el día de hoy y los planes a corto plazo.

B. Planes a corto plazo

Como dijéramos anteriormente, los planes a corto plazo son los que vamos a hacer para saber cómo vamos a estar manejando nuestro dinero mes tras mes por los próximos seis a doce meses. Observaremos cómo se nos va el dinero ahora y vamos a pensar qué tipo de ajustes podemos hacer a la forma en la que manejamos el dinero para re-arreglar nuestros gastos de una manera más efectiva.

Para hacerlo, vamos a necesitar desarrollar un plan para controlar gastos. Este plan es una herramienta sencilla que cualquier persona con educación básica de escuela primaria lo puede llevar a cabo. Sin embargo, al mismo tiempo, es una herramienta poderosa para llegar al final del mes y cumplir nuestras metas de prosperidad integral.

Es importante aclarar, sin embargo, que un plan para controlar gastos no necesariamente tiene que incluir un «presupuesto» especialmente en países con altos niveles de inflación.

Permíteme compartirte un buen ejemplo.

Tengo un amigo que se llama Juan Pablo. Es un profesional que vivió en la República Argentina durante los años difíciles de hiperinflación. Juan Pablo no tenía un presupuesto familiar, pero tenía un plan para controlar su dinero.

Todos los meses, cuando cobraba su sueldo de profesional, Juan Pablo lo cambiaba inmediatamente en dólares norteamericanos. Digamos, por ejemplo, que le alcanzaba para comprar mil dólares (1.000 dólares). Colocaba los dólares en un sobre y, con su tarjeta de crédito compraba inmediatamente todo lo que necesitaba para vivir ese mes. Supongamos que se gastaba los 1.000 dólares en esos gastos a principio del mes.

La tarjeta tomaba cuarenta y cinco días para cobrar esas compras. Para entonces, con la tremenda devaluación del peso, el dinero que había gastado un mes y medio atrás ya no valía mil dólares. Ahora valía unos 600 o 700 solamente.

Entonces Juan Pablo, para no tener que pagar intereses astronómicos, cada mes religiosamente tomaba del sobre que tenía debajo de la cama los 600 o 700 dólares que necesitaba cambiar para pagar completamente su deuda y, automáticamente, se quedaba con ¡300 a 400 dólares en el bolsillo!

Esta es una historia real. En el momento en el que la mayoría de la gente en Argentina estaba en una situación de crisis, Juan Pablo ahorraba hasta 400 dólares por mes y pudo comenzar a construir su casa. Es cierto que no todos los argentinos eran profesionales y ganaban el sueldo de mi amigo. Pero la moraleja de la historia es que Juan Pablo tenía un plan: entendió la situación en la que se encontraba y le encontró «la vuelta» al asunto.

Si uno recorriera nuestros países Latinoamericanos podría encontrar miles de historias como la de mi amigo argentino. Estoy seguro que conoces alguna también. Creo que algún día voy a hacer una compilación de estas historias de «éxito en medio de la tormenta» para animarnos mutuamente con el ingenio y la creatividad que demostramos los latinoamericanos frente a situaciones económicas que han sido, realmente, de vida o muerte.

Entonces, cuando hablamos de tomar decisiones a corto plazo (para los próximos seis a doce meses), ¿Cómo lo debemos hacer y qué tipo de decisiones debemos tomar?

a. Toma todo un día, dos veces al año

Establece una cita de acá a treinta días con tu cónyuge (si es que tienes) o con una persona que te pueda dar una ayuda desinteresada con tus planes financieros. Probablemente vas a necesitar tomar todo un día de vacaciones o de fin de semana. No tomes menos, pues la primera sesión de planeamiento no es difícil, pero toma tiempo.

La razón por la que necesitas hacer esa cita de acá a no menos de treinta días es que en estas semanas que vienen vas a necesitar juntar información sobre cómo estás gastando realmente el dinero. Para eso, vamos a hacer un ejercicio que recomiendo a lo largo y ancho del continente:

Primero, toma una cajita cualquiera (puede ser una de zapatos), y colócala en la cocina de tu casa. Cada vez que hagas alguna compra, pídele un recibo a la persona que te está vendiendo. Luego, lleva el recibo a tu casa y colócalo dentro de la cajita.

Si en tu país o en el área donde vives no se acostumbra dar recibos, simplemente lleva unos papelitos en el bolsillo y cuando hagas una compra escribe qué fue y cuánto costó. Por ejemplo, «comida=100 pesos» o «zapatos=50 pesos».

En la reunión que tendrán con tu cónyuge o persona de confianza el mes que viene, saquen los papeles de la caja, divídanlos por categorías (las que están en el formulario que mostraré más adelante), y entonces tendrán una idea más clara de cómo se les va el dinero en la casa y a dónde se va. Conviene revisar los cálculos del plan cada tres a seis meses, para asegurarse que el mismo se ajusta a los cambios de sueldo y los cambios de precios del país.

b. Compara tus gastos con tus entradas

En este punto tal vez te darás cuenta si gastas más de lo que estás ganando. Recuerda que el secreto para el manejo de las finanzas familiares no está en la cantidad que ganamos, sino en la cantidad que gastamos. Recuerda que el hombre es un «animal de costumbre» y puede acostumbrarse a vivir con 200, 500, ó 1000 dólares por mes.

Hay una ley «casi» natural en el manejo de las finanzas: nuestro nivel de gastos invariablemente se incrementa en una relación directamente proporcional a nuestras entradas. Básicamente: cuanto más ganamos, más gastamos. Aunque nos hayamos prometido de que íbamos a ahorrarnos el aumento de sueldo que nos proporcionó nuestro jefe hace tres meses atrás.

c. Compara tus gastos con nuestros gastos sugeridos (sólo para los que viven en Canadá, Estados Unidos o Puerto Rico)

Nosotros le proporcionaremos en esta sección con los porcentajes de un plan sugerido por Conceptos Financieros para una familia tipo en Canadá, Estados Unidos o Puerto Rico. De esa manera, tú sabrás qué porcentaje de tu dinero disponible deberías estar gastando en cada categoría. En cada país hay un plan sugerido por el gobierno. Generalmente es el Departamento de Hacienda es el que presenta y define cuánto debería estar gastando una familia típico en la canasta familiar básica.

d. Establece un plan familiar personalizado

Debes comparar tu plan con nuestro plan sugerido y luego establecer un plan familiar personalizado. Es muy importante que el plan de tu familia sea el de *tu* familia y no el de otra. Lo importante no es que en cada categoría estés gastando exactamente el mismo porcentaje de tu dinero disponible que el que te voy a sugerir. Lo importante es que tengas un plan que esté ajustado a los gastos de tu propia familia (o de tu propia persona, como individuo), y que sobre todo, cuando sumes todos los porcentajes de tu plan personalizado equivalga al 100 % de tu dinero disponible y no al 110, 120 ó 130 %.

Hoy, en Estados Unidos, la familia típica está gastando el 110 % de sus entradas de dinero, es decir un dólar con diez centavos por cada dólar que ganan. Como es de suponerse, esto está trayendo algunos problemas bastante serios a las familias norteamericanas.

2. ¿Cómo se arma un plan?

Lo primero que tenemos que hacer cuando armamos un plan familiar es dividirlo en dos áreas: ingresos y egresos. Vamos a empezar tomando nota de nuestros ingresos.

Ingresos

¿Cuánto está entrando a nuestra casa? Vamos a ver cuánto está ingresando a tu hogar. Conceptos Financieros tiene un plan modelo que hemos desarrollado. Toma una hoja de papel, escribe la palabra «Ingresos» y anota toda la información que se pide a continuación. O bien, puedes llenar las casillas en la planilla de ingresos que le estamos proporcionando.

1) **¿Cuánto dinero trae a casa el esposo?** Vamos a escribir la cantidad sin tomar en cuenta aquella porción que corresponde a «César». Es decir, la de los impuestos. Si tú trabajas por cuenta propia, vas a tener que deducir los impuestos que debes pagar con cada entrada de dinero. Por ejemplo, si tú vendes cosas en la calle y llevas regularmente 3.000 pesos a casa, sabiendo que a fin de año debe pagar el treinta por ciento de ese dinero al gobierno, coloca solamente 2.000 en el casillero, porque 1.000 le corresponderán al gobierno, no son tuyos.

2) ¿Cuánto trae la esposa? Si es que ella trabaja fuera del hogar o realiza labores por las que recibe pago.

3) ¿Cuánto ganamos con nuestro propio negocio? Muchas familias latino-americanas, a pesar de que tienen un trabajo regular de cuarenta o cuarenta y cinco horas por semana, también tienen un pequeño negocio familiar. Si tienes esa entrada extra, ¿a cuánto equivale cada mes? (recuerda quitar los impuestos). Si no ganas siempre lo mismo en tu negocio, entonces suma todas sus entradas por los últimos seis meses y divídalo por seis para calcular el promedio de ganancias. La otra alternativa es tomar el mes de menor ganancia como base para el plan.

4) ¿Cuánto estamos recibiendo de alquiler? Muchas familias compran una casa donde vivir y alquilan una parte de ella. Otros han comprado casas para alquilar como un negocio personal o familiar. ¿Cuánto estás ganando en alquiler? (También, en muchos lugares del continente, debemos recordar que debemos pagar impuestos al gobierno por los alquileres recibidos).

5) ¿Cuánto estás recibiendo de intereses en el banco? Quizás tienes un depósito en el banco y estás recibiendo una cantidad importante en forma mensual.

6) ¿Hay alguna otra entrada de dinero en forma regular todos los meses? En Estados Unidos las familias reciben un retorno de impuestos por parte del gobierno una vez al año. A veces algunos de nosotros tenemos que pagar más al gobierno y algunos recibimos dinero de vuelta del gobierno por los impuestos que hemos pagado. Si tú recibes una cantidad importante de dinero por parte del gobierno o de algún otro recurso una vez al año te recomiendo que tomes ese dinero y lo dividas por doce, de esta manera sabrás cuánto de ese dinero deberías gastar cada mes. Otra de las opciones es tomar ese dinero y hacer una inversión única en el año, como arreglar la casa o pagar por anticipado parte del principal de la hipoteca de la casa…

Luego, suma todas estas cantidades:

Cantidad de dinero que trae a casa el esposo en un mes: _____

Cantidad de dinero que trae a casa la esposa en un mes: _____

Otras entradas de dinero (alquileres, inversiones, etc.): _____

(suma todas las cantidades)

Total de entradas de la familia en un mes: _____

Ahora, al total de entradas de la familia, réstale los impuestos que deberías pagar y que el gobierno todavía no ha recibido (como, por ejemplo, el impuesto a las ganancias por tu negocio personal o familiar).

Total de entradas de la familia en un mes: _____

(menos) —

Impuestos: _____

Total de entradas netas: _____

Una vez que haya calculado sus entradas netas, réstale las contribuciones, regalos, donaciones, diezmos, que dispone para actos de caridad y la cantidad que dará a su iglesia, sinagoga, mezquita o parroquia. De esta manera, le estaremos dando a «César» lo que es de César y a Dios (o la humanidad) lo que es de Dios.

Una vez realizada esta resta, lo que le queda es lo que nosotros llamamos el «dinero disponible» (DD).

Total de entradas netas de la familia: _____

(menos) —

Dinero para dar: _____

Total del dinero disponible: _____

De ahora en adelante vamos a trabajar con ese dinero disponible. Esta es la cantidad que tiene para gastar cada mes. Mucha gente, en especial la gente latinoamericana que vive en Estados Unidos, dice: «Andrés, yo gano 20.000 ó 30.000 al año». Eso no es muy cierto, porque en realidad, si gana 30.000 al año, lo que lleva a su casa y tiene para gastar es 20, 22 ó 24 mil, no 30. Porque al gobierno le pertenece entre el quince y el treinta por ciento de nuestro salario y, si hemos decidido dar otro porcentaje para donaciones u otros conceptos, en realidad, el dinero disponible es de solamente unos dieciocho a veinte mil dólares al año. El problema es que, cuando llegamos a Estados Unidos, gastamos como si tuviéramos 30.000.

En el siguiente paso, vamos a colocar la hoja de ingresos aparte y vamos a empezar a trabajar para ver en que se nos va el dinero. Dividiremos nuestros gastos en doce o trece categorías. Entre ellas estarán: la transportación, la casa, la comida, la cuenta de ahorro, las deudas, la recreación, la vestimenta, la salud, los seguros, y por supuesto, los famosos «gastos varios» que son como un barril sin fondo: ¡sólo Dios sabe qué pasa con ellos!

Entonces, para resumir:

- Debemos aprender a planear porque no somos millonarios. Los millonarios se pueden dar el gusto de gastar y de perder millones por aquí y por allá, pero tú y yo no podemos hacer eso.

- Todos tenemos un plan armado en la cabeza, lo que estamos haciendo ahora es ponerlo en un pedazo de papel.
- Vamos a tomar un día entero con nuestro cónyuge o con alguien de confianza para hablar de este asunto económico de aquí a treinta días.
- Vamos a guardar los recibos durante este próximo mes en una cajita de zapatos para poder tener una idea más concreta de cuánto gastamos, especialmente en el área de misceláneos.
- Vamos a colocar en una hoja de papel cuánto son, realmente, los ingresos que tenemos disponibles para gastar cada mes en el hogar.

Para poner en práctica

Escribe aquí mismo tus entradas de dinero, en la siguiente planilla:

Planilla de ingresos mensuales

Ingresos

¿Cuánto trae a casa el esposo?	$ _____	Anota la cantidad de dinero que realmente traes al hogar, después de que te dedujeron los impuestos gubernamentales.
¿Cuánto trae a casa la esposa?	$ _____	Lo mismo que el punto anterior.
¿Cuánto ganan con su negocio propio?	$ _____	Cantidad de dinero en promedio mensual que se trae al hogar. No se olviden de deducir los impuestos correspondientes antes de colocar la cantidad.
¿Cuánto reciben de alquiler?	$ _____	Si no están alquilando nada a nadie, dejen la casilla en blanco.
¿Cuánto reciben en intereses del banco?	$ _____	Si la cantidad es apreciable y suficiente como para hacer un impacto en el plan mensual.
¿Hay alguna otra entrada de dinero?	$ _____	Si es esporádica, trata de establecer un promedio mensual. Si les devolverán de sus impuestos, dividan esa cantidad que espera por 12.
SUMA TODAS LAS CANTIDADES	$ _____	Estas son las entradas de dinero después de haber pagado sus impuestos.
Réstale a la cantidad anterior los impuestos	— $ _____	
Réstale a la cantidad anterior tus donaciones	— $ _____	Recordemos que mejor es dar que recibir... Aprendamos a dar.
Este es tu DINERO DISPONIBLE (**DD**)	$ _____	Esta es la cantidad de dinero con la que tienes que aprender a vivir.

Egresos (Gastos)

Como mencionamos, vamos a dividir los gastos que tenemos en doce o trece categorías:

Auto/transporte: _____

Vivienda: _____

Comida: _____

Deudas: _____

Entretenimiento: _____

Vestimenta: _____

Ahorros: _____

Gastos médicos: _____

Seguros: _____

Otros gastos: _____

1. **Automóvil/transporte.** Tenemos que ver cuánto estamos gastando en trasporte, ya sea propio o público (autobús, tren subterráneo). En Estados Unidos los gastos de automóvil son bastante importantes. Inclusive en Latinoamérica el precio de la gasolina a veces es tan alto, que los gastos de transporte pueden llegar a ocupar una parte significativa dentro del plan familiar.

Entonces, coloca en la categoría de automóviles cuánto estás gastando de promedio en gasolina, aceite, reparaciones (de pronto no gastas dinero en aceite o en reparaciones todos los meses, pero puedes usar un promedio), impuestos y seguros. Lo mejor es reducir todos estos gastos a nivel mensual.

Por ejemplo, aunque uno no repare el auto todos los meses, uno debe tener una idea de cuánto está gastando, de promedio, en reparaciones. Para encontrar ese promedio, simplemente calcula cuánto gastaste en arreglar el auto en los últimos doce meses y divide esa cantidad por doce. Lo mismo ocurre con el mantenimiento.

Si no tienes auto, ¿cuánto estás gastando en transportación pública? O, quizás, estás viajando con alguna otra persona, en el automóvil de alguna amistad, y le das una cierta cantidad de dinero cada mes para ayudarle con los gastos de mantenimiento del auto. Eso se acostumbra mucho en algunos países de nuestro continente: el que una persona maneje y cuatro o cinco personas viajen con él, para luego, a fin de mes cooperar para los gastos de gasolina.

En Conceptos Financieros recomendamos que en Estados Unidos no se gaste más del quince por ciento de su DD (dinero disponible: salario menos impuestos y donaciones) en los gastos de transporte público o personal.

Gastos de transporte/ automóviles		Coloca aquí el promedio mensual de todos los gastos de transportación que tengas. No tiene que ser «perfecto», escribe una aproximación de los gastos. Tus cálculos mejorarán con el paso del tiempo. Incluye los boletos de tren y autobús. Si tienen más de un auto, sumen los gastos de los dos y colóquenlos juntos.	***Consejo amigo...*** ¿Cuál es tu dinero disponible? DD= _____ Multiplica esa cantidad por 0.15 _____ (DD) x 0.15 Coloca abajo el resultado... (Esta es la cantidad de dinero que deberías estar gastando en transporte como máximo).
Pagos mensuales del auto	$ _____		
Impuestos	$ _____		
Gasolina	$ _____		
Aceite	$ _____		
Seguro del auto	$ _____		
Reparaciones (promedio)	$ _____		
Mantenimiento (promedio)	$ _____		
Transporte público	$ _____		
Otros gastos	$ _____		
Suma todas las cantidades: (Este es el total de gastos de transportación que tienes).	$ _____		$ _____

2. **Vivienda.** ¿Cuánto estás gastando en tu vivienda? Si estás alquilando, probablemente estés gastando menos en vivienda que si tienes casa propia. Sin embargo, eso no es siempre verdad. Especialmente cuando uno tiene beneficios impositivos del gobierno o se ha involucrado en algún plan gubernamental para proveer casas a bajo costo a la población.

A veces, sin embargo, el mantenimiento de una casa puede ser bastante costoso. Donde las casas son de cemento y ladrillo se requiere de un menor mantenimiento. En aquellos países, como Estados Unidos y Canadá, donde las casas se construyen utilizando mucha madera y yeso, los gastos pueden ser más altos.

En cualquiera de los casos, esta es una categoría muy importante. En general, la vivienda, junto a la comida y el transporte son las áreas más peligrosas del plan. La mayoría de las personas con problemas financieros que aconsejamos tienen dos problemas básicos: o han comprado demasiada casa o se han comprado demasiado auto.

Stanley y Danko dicen que si no eres un millonario, pero quieres serlo algún día, puedes imitar su actitud con respecto a la compra de sus casas: «nunca compres una casa que requiera tomar una hipoteca que sea más del doble de tu salario anual»[17]. Entonces, si entre tú y tu esposa ganan $50.000 al año, tu hipoteca no tendría que ser más de $100.000. Así se comportan los millonarios en Estados Unidos.

Cuando consideramos los gastos de la vivienda, lo primero que tenemos que escribir es cuánto estamos pagando de alquiler o de hipoteca.

¿Hay impuestos o seguros? A veces el seguro, el impuesto y el pago de la casa, se hacen juntos en un sólo pago. Nosotros le recomendamos que no divida las cantidades, sino que coloque una sola cantidad en el casillero destinado a la hipoteca o al alquiler.

¿Cuánto estás gastando cada mes en servicios como la luz, el gas, el teléfono, el agua, el cable, etc.? Si estás queriendo hacer un proyecto especial de construcción, ¿cuánto estarías pagando de promedio cada mes por los próximos doce meses?

Algunas ciudades cobran mensualmente a todos los dueños el barrido de las calles, la limpieza y el recogido de la basura. Coloca todos los gastos que están asociados con el mantenimiento de tu casa en esta categoría.

Nosotros te recomendamos que no más del treinta y ocho a cuarenta por ciento de tu DD vaya a parar a tu casa. Si vives en una gran ciudad de Estados Unidos, seguramente estarás pensando: «¡Pero el treinta y ocho por ciento de mi dinero disponible! Con lo caro que es vivir en Nueva York, Chicago, o Los Ángeles…». Es verdad. El problema no es que las casas estén caras en Nueva York, Chicago o Los Ángeles… el problema es que tú ¡no ganas lo suficiente para vivir en esas ciudades! De pronto vas a tener que ir a vivir a una provincia, un estado, una ciudad o una casa más barata.

El otro día hablaba con un amigo y me decía: «Andrés, el treinta y ocho por ciento de las entradas de dinero no me alcanza ni para empezar en los gastos de mi casa». Entonces, empezamos a hacer las cuentas. Yo le dije: «Tú te vistes, ¿no? Entonces de vez en cuando compras ropa. Vamos a ver cuánto gastas promedio en ropa al mes». Anoté la cantidad promedio. «¿Cuánto gastas en alimento?». Escribí la cantidad que gastaba en alimento. Le dije: «¿Caminas a tu trabajo?» «No. Tengo un automóvil y a veces manejo una hora u hora y media para llegar». «¿Cuánto estás gastando en tu automóvil?». Así, seguimos haciendo cuentas de la cantidad que estaba gastando en cada una de las categorías del Plan familiar. Cuando terminamos nos dimos cuenta que estaba gastando ¡el 135 % de su dinero disponible!

Pero, si tú estas gastando (recuerda especialmente esto si vives en el «país del norte») más del treinta y ocho por ciento de tus entradas de dinero en los gastos de la casa, si estás gastando demasiado, necesitas pensar en mudarte o quizás irte a vivir a un lugar más barato.

También puedes buscar alternativas creativas a tus gastos de vivienda. Por ejemplo, puedes alquilar parte de tu casa, puedes comprar la casa en sociedad con otra familia y pagar la mitad cada uno, puedes alquilarla mientras pagas la hipoteca (permitiendo que se pague sola) y puedes alquilar en algún lugar mucho más barato por algún tiempo, puedes construir tu casa de a poco, en la medida en la que las leyes de tu estado y tu dinero te alcancen...

Gastos de vivienda		Coloca aquí todos los gastos de tu vivienda. Si los impuestos y el seguro vienen incluidos en el pago de la hipoteca, escribe el pago mensual total que haces y deja en blanco los otros renglones.	*Consejo amigo...*
Alquiler	$ _____		¿Cuál es tu dinero disponible?
Hipoteca	$ _____		
Impuestos	$ _____		DD= _____
Seguros	$ _____		Multiplica esa cantidad por 0.38
Luz	$ _____		
Gas	$ _____		_____ (DD)
Teléfono	$ _____		x 0.38
Agua	$ _____		
Mantenimiento	$ _____		Coloca abajo el resultado... (Esta es la cantidad de dinero que deberías estar gastando en vivienda como máximo).
Cable	$ _____		
Internet	$ _____		
Proyectos	$ _____		
Otros gastos	$ _____		
Suma todas las cantidades: (Este es el total de gastos de vivienda que tienes).	$ _____		$ _____

3. **Comida.** ¿Cuánto estás gastando en alimentos? Escribe cuánto más o menos estás gastando en comida mensualmente. Más o menos entre el doce y el quince por ciento de tus entradas de dinero deben ir a parar a la comida. A veces un poco más, a veces un poco menos. En general a los latinos nos gusta comer, y nos gusta comer bien. Por eso, cuando nos mudamos a Estados Unidos gastamos más de lo que gastarían los norteamericanos en general. Dicen algunas estadísticas que en Estados Unidos los latinoamericanos, cuando vamos al mercado, gastamos un treinta por ciento más que la gente anglosajona y por eso es que los dueños de los supermercados ¡nos aman!

Si observas los comerciales de televisión, vas a notar que los mejores comerciales son los que tienen que ver con la comida y con las bebidas.

Recordemos, entonces: en Estados Unidos no más del quince por ciento de nuestras entradas de dinero deben ir a parar a los alimentos.

Aquí va un dato muy importante: si vives en Estados Unidos y estás gastando en la suma de los alimentos, el transporte y la casa más del setenta y cinco por ciento de tus entradas de dinero, estás en serios problemas.

Algo debe cambiar en tu plan, porque si estás gastando más de ese porcentaje, no te está quedando la suficiente cantidad de dinero para las otras ocho o nueve categorías que todavía nos quedan por delante.

Lo importante en un plan para controlar tus gastos no son los porcentajes que te estoy sugiriendo. Por ejemplo, estuve hace poco en Guatemala y, de acuerdo a un estudio realizado recientemente los guatemaltecos están gastando alrededor del 37 % de sus ingresos en alimentos y bebidas. Pero solamente el 21.6 % en vivienda.[18] ¿Vemos cómo en diferentes países la estructura de los gastos es diferente?

Lo importante es que tú le asignes a cada una de las categorías algún porcentaje determinado de tu DD, y que cuando sumes todas las categorías le den el 100 % o menos (no el 110, ni el 120 o el 130 %).

Si estás casado/a es imperante la participación de ambos cónyuges en el proceso de decisión sobre la asignación de esos porcentajes. Si el plan familiar es solamente el producto de un sólo miembro de la pareja, créeme, estás perdiendo el tiempo.

| **Comida** | $ _____ | Incluye todos tus gastos en alimentos. No incluyas artículos de limpieza (esos van en los gastos varios). Si los incluyes, debes disminuir el porcentaje de «gastos varios».

No incluyas comidas afuera de la casa. Esas son parte de «recreación y entretenimiento». | ***Consejo amigo...***
¿Cuál es tu dinero disponible?
DD= _____
Multiplica esa cantidad por 0.15
_____ (DD)
x 0.15
Coloca abajo el resultado... (Esta es la cantidad de dinero que deberías estar gastando en comida como máximo). |
| Repite aquí la cantidad que gastas en comida | $ _____ | | $ _____ |

4. **Cuenta de ahorros.** ¿Cuánto estás colocando en tu cuenta de ahorros todos los meses? Coloca en el espacio correspondiente cuánto estás ahorrando con regularidad. ¿Tienes que poner un «0» bien grande? ¡En el futuro habrá que cambiarlo!

Si tienes acceso para abrir una cuenta en un banco, abre una cuenta de ahorros y comienza a ahorrar ya mismo. Y si no, haz lo que hacía mi abuela: usa el colchón de tu cama o una latita donde empezar a colocar algo de dinero en forma regular. Si la moneda de tu país fluctúa, empieza a ahorrar en una moneda extranjera más estable (si está permitido por las leyes de tu nación).

Es interesante notar, por ejemplo, que cuando la gente está en serios problemas de deudas nunca me dicen: «Nosotros tomamos nuestra tarjeta de crédito, vamos y gastamos todo lo que podemos en lo que se nos da la gana». Siempre me dicen: «Estamos en deuda en nuestra tarjeta de crédito (o con nuestros parientes), porque surgió algo inesperado». Yo creo que lo inesperado no sería tan inesperado ¡si lo estuviéramos esperando! Si ha estado ahorrando con regularidad, cuando llegue lo inesperado, uno puede ir y tomar esos ahorros evitando que el golpe económico sea tan fuerte.

Como vimos anteriormente, tu meta es tener en una cuenta de ahorros o en dinero en efectivo unos dos o tres meses de salario acumulado. No tiene que ocurrir mañana ni el año que viene. Pero esa debe ser tu meta en cuanto a ahorros se refiere. «Hombre prevenido, vale por dos», dice un refrán popular. En cuanto a lo financiero, creo que hombre prevenido debe valer, por lo menos 3.75 ¡más intereses!

Ahorros	$ _____		*Consejo amigo...*
		Incluye solamente los ahorros que haces en dinero en efectivo.	¿Cuál es tu dinero disponible? DD= _____ Multiplica esa cantidad por 0.05
		Las inversiones deben ir en otra parte de tu plan, al final.	_____ (DD) x 0.05 Coloca abajo el resultado... (Esta es la cantidad de dinero que deberías estar ahorrando mes tras mes como minimo).
Repite aquí la cantidad que ahorras al mes	$ _____		$ _____

5. **Deudas.** En esta categoría escribe todos los pagos de deudas y préstamos que estás haciendo mensualmente. Por ejemplo: si tienes una tarjeta de crédito con una deuda de $1.000 y estás pagando $100 todos los meses, coloca en esta categoría $100 (el pago mensual y no la deuda total). Si le has pedido dinero a tu padre, o a algún otro pariente y estás pagando la deuda en forma regular, coloca en el casillero cuánto estás pagando mensualmente (por lo menos, de promedio). Si tienes una cuenta de fiado o si, por ejemplo, compraste un televisor a pagar en cuotas, coloca allí la cantidad del pago mensual. Ahora, suma todos los pagos de tus deudas y colócalo en el casillero correspondiente. En Estados Unidos no más del cinco por ciento de su DD (dinero disponible) debería ir al pago de deudas.

Pago de deudas		Escribe el pago	*Consejo amigo...*
Tarjeta	$ _____ $ _____ $ _____ $ _____	promedio o el pago mínimo que estás realizando mensualmente para saldar todas tus deudas.	¿Cuál es tu dinero disponible? DD= _____ Multiplica esa cantidad por 0.05
Préstamos	$ _____ $ _____ $ _____ $ _____	Aquí no se debe incluir el pago de la casa ni el pago del auto.	_____ (DD) x 0.05 Coloca abajo el resultado... (Esta
Fiado	$ _____ $ _____ $ _____		es la cantidad de dinero que deberías estar ahorrando mes tras mes como mínimo).
Suma todas las cantidades. Estos son tus pagos mensuales de deudas.	$ _____		$ _____

6. **Recreación.** Con gastos de recreación me refiero a las salidas en forma regular. En estos años, la generación que nació en los años sesenta y setenta, está saliendo mucho más que la generación de los treinta, cuarenta y cincuenta. En aquellas épocas, hace veinte años atrás, la gente salía muy poco a comer a los restaurantes, el día de hoy sale mucho más a comer, a pasear, e incluso de vacaciones.

Había una época en la que la gente no salía de vacaciones en forma regular, pero en estas épocas la gente sale de vacaciones más seguido. Para esto, debemos guardar una cierta cantidad de dinero todos los meses; no vaya a ser que llegue el fin de año y uno no sepa de dónde sacar dinero para salir a pasear con su familia. Escribe, entonces, en el casillero correspondiente, la cantidad de dinero que gastaste en tus últimas vacaciones dividida por doce. A eso, súmale lo que gastas todos los meses en salir a pasear o comer sólo o con la familia. No más del cuatro por ciento de tu DD debería ir a la recreación.

Gastos de entretenimiento y recreación		Escribe el costo total de las últimas vacaciones dividido por doce, para que te dé el promedio de dinero mensual que debes separar para ese gasto.	*Consejo amigo...*
Vacaciones	$ _____		¿Cuál es tu dinero disponible? DD= _____
Restaurantes	$ _____		Multiplica esa cantidad por 0.04
Salidas de paseo	$ _____		_____ (DD)
Otros entretenimientos	$ _____		x 0.04
	$ _____		Coloca abajo el resultado... (Esta
	$ _____	Escribe cuánto gastas mensualmente es salir a pasear, en comer en restaurantes y en otros entretenimientos.	es la cantidad de dinero que deberías estar gastando mes tras mes en recreación).
	$ _____		
	$ _____		
	$ _____		
	$ _____		
	$ _____		
Suma todas las cantidades. Estos son tus gastos mensuales de recreación. $ _____			$ _____

7. **Ropa.** Es importante tener dinero para comprar ropa. Quizás no compramos vestimenta todos los meses, pero es importante que cada mes tengamos una cierta cantidad de dinero que podamos separar para esta categoría. Deberías tener una cajita o un sobre donde estés poniendo dinero todos los meses para la ropa. Así, cuando llegue el momento de comprar zapatos para los niños, o ropa para ti o cualquier cosa que tenga que ver con la vestimenta, no sacarás de la comida para comprarlo, sino que tendrás un ahorro de dónde comprar lo que necesita.

Si viene tu esposa y te dice: «Querido, ¡cómo me gustaría que me compres ese vestido rojo!», ahora puedes ir al sobre correspondiente a la ropa y ver si hay dinero o no. Si hay dinero, cómpralo. Si no, hay que esperar hasta que se pueda ahorrar lo suficiente. De esta manera se evitan las peleas en el hogar, porque nos hemos puesto de acuerdo en separar cada mes algo de dinero para el vestuario personal y familiar. No más del cuatro por ciento del DD debería ser gastado cada mes en el área de la vestimenta.

| Gastos de vestimenta | $ _____ | Escribe la cantidad que gastas mensualmente, de promedio, en vestirte a ti y vestir a tu familia (si la tienes). | *Consejo amigo...*

 ¿Cuál es tu dinero disponible?
 DD= _____
 Multiplica esa cantidad por 0.04
 _____ (DD)
 x 0.04
 Coloca abajo el resultado... (Esta es la cantidad de dinero que deberías estar gastando de promedio en vestimenta). |
| Repite aquí la cantidad que gastas al mes en vestimenta. | $ _____ | | $ _____ |

8. **Salud.** ¿Cuánto estás gastando todos los meses, de promedio, en médico, en dentista o en medicinas? ¿Estás comprando algún medicamento en forma regular? En casa, por razones médicas, usamos lentes de contacto desechables. Cada cuatro meses debemos comprar lentes nuevos. Lo que hacemos es tomar el gasto que tenemos cada cuatro meses, dividirlo por cuatro y colocar ese dinero aparte en nuestra cuenta de ahorros cada mes. Cuando llega el momento de comprar lentes, tenemos el dinero ahorrado.

Puede que también tengas ese tipo de gastos. Cada cierta cantidad de tiempo quizás tienes que comprar alguna medicina o asistir al doctor con regularidad. Si el gasto es cada tres meses, divídelo por tres y colócalo en el casillero; si es cada cuatro, divídelo por cuatro...

También puede que tengas un seguro de salud que estés pagando en forma mensual. En Estados Unidos los seguros de salud son bastante caros. Es importante que anotes la cantidad que pagas de seguro de salud dentro de esta categoría. Nuevamente: no recomendamos que más del cinco por ciento de su DD vaya a los gastos relacionados con la salud.

De todos modos, una familia con niños puede que esté gastando más y una sin niños puede que esté gastando menos. En muchos países, como en el Canadá, servicios de salud los provee el estado y son gratuitos a la población. En otros países, existe un pequeño pago que debe hacer el individuo, mientras que en otros, todo lo que tiene que ver con la salud es extremadamente caro.

Sea cual fuere tu situación particular, siempre te recomendamos tener un pequeño fondo de dinero para problemas de salud inesperados.

Gastos de salud		Escribe la cantidad que gastas mensualmente, de promedio, en la salud personal o familiar.	*Consejo amigo...*
Pagos a los médicos	$ _____		¿Cuál es tu dinero disponible?
Gastos de dentista	$ _____		DD= _____
Compra de medicina	$ _____		Multiplica esa cantidad por 0.05
Cuota del Seguro de salud	$ _____		_____ (DD)
Compra lentes de contacto	$ _____		x 0.05
Otros gastos de salud	$ _____		Coloca abajo el resultado... (Esta es la cantidad de dinero que deberías estar gastando, de promedio en salud).
Suma todas las cantidades. Estos son tus gastos mensuales de salud.	$ _____		$ _____

9. **Seguros.** ¿Tienes un seguro de vida? Deberías tenerlo. Por lo menos, deberías estar seguro de que al final de tus días, hay en algún lugar suficiente cantidad de dinero como para dejar todas tus cuentas cerradas. Recibí una carta hace algunos días atrás de una señora que vive en el Caribe que me dice: «Mi esposo ha pasado a la presencia de Dios hace un par de semanas y me dejó más de 65.000 dólares en deudas. ¿Qué hago?». Es terrible. Los varones no deberíamos ser tan irresponsables con nuestras viudas y nuestros niños. Todos debemos tener un seguro de vida, por lo menos como para cerrar cuentas, para el entierro y para el futuro de nuestros hijos/as.

Me enteré en el sur de Estados Unidos del caso de un finado que estuvo cinco días en el comedor de su casa porque nadie lo quería enterrar. La compañía que estaba a cargo del entierro quería, por lo menos, el cincuenta por ciento del dinero por adelantado y la viuda no tenía un peso. Enterrar al hombre costaba casi 5.000 dólares y había que pagar, por lo menos, 2.500 dólares antes de tocar al muerto. Así que allí se quedó este señor: en el comedor de su casa hasta que varias iglesias de la zona se enteraron y juntaron los 2.500 dólares necesarios para resolver la situación. Les tomó cinco días juntar el dinero y pagarle a la empresa para que enterraran al hombre.

Uno diría: «Pobre hombre, que terrible la compañía funeraria…» ¡No señor! Yo diría, «Pobre mujer». Ese hombre fue un total irresponsable. Viviendo en Norteamérica él sabía muy bien los costos del entierro de una persona. Él también sabía que a través de su trabajo podría haber comprado un seguro de vida.

Fue su culpa que medio pueblo tuviera que andar buscando el dinero para ponerlo bajo tierra. Fue culpa de él, también, el haber dejado a su mujer en la pobreza. En Estados Unidos el costo de un seguro de vida es extremadamente barato comparado con el sueldo que se recibe. Con dos o tres horas de trabajo al mes podría haber pagado un seguro de vida que pudiera costear todos los gastos de su entierro y haberle dejado un par de miles de dólares a la viuda para que se ajustara a su nueva situación.

Lo que pasa es que no nos gusta hablar de la muerte. Creemos que si hacemos arreglos para cuando nos vayamos a morir nos va a traer mala suerte. ¡Todo lo contrario, señores! La pregunta con respecto a la muerte no comienza con: «Si…», comienza con: «Cuando…» Tengo malas noticias: te vas a morir algún día.

Entonces, ¿Cómo quieres que te recuerden en tu funeral? ¿Como un esposo y padre sabio, previsor y amante de los suyos o como el irresponsable que dejó a su familia «entre la pampa y la vía»?

Nosotros los varones (y las mujeres también), debemos tener la cantidad suficiente de seguro para dejar las cosas en orden. No es tan caro como pensamos y demuestra una actitud de madurez y responsabilidad de nuestra parte.

Aquí hay algunas preguntas que me gustaría hacerte:

- ¿Tienes un seguro de vida?   Sí: _____ No: _____
- Si lo tienes, ¿Saben tus beneficiarios que lo tienes? Sí: _____ No: _____
- ¿Cuál es el valor total de tu póliza de seguro de vida? _____
- ¿Es suficiente para cubrir tus gastos de entierro, pagar todas tus deudas y proveer para las metas educacionales de tus hijos/as? Sí _____ No _____
- Multiplica tus entradas **anuales** por cinco: esta es una cantidad de seguro para considerar.

Si no tienes un seguro de vida, escribe el nombre de un par de compañías respetables, sus números telefónicos y para cuándo has hecho una cita con ellos:

Nombre de la empresa de seguros	Teléfono	Fecha de la cita

Nota: El seguro de vida no es una lotería, sino que es un «fondo común» entre varias personas para ayudarse a proveer para sus necesidades en caso de alguna emergencia. Representa la inversión de tu capital durante la época de las «vacas gordas» para proveer durante la época de las «vacas flacas». Es el imitar a la hormiga, que guarda durante el verano para proveerse durante el invierno.

Costos de seguros		Escribe la cantidad que pagas mensualmente, en seguros. No debes incluir el seguro de salud, el de la casa ni el del auto, porque ya están incluidos en otras categorías.	*Consejo amigo...*
Seguro de vida	$ _____		¿Cuál es tu dinero disponible? DD= _____ Multiplica esa cantidad por 0.05 _____ (DD) x 0.05 Coloca abajo el resultado... (Esta es la cantidad de dinero estar pagando, como máximo, en seguros).
Otros seguros	$ _____		
	$ _____		
	$ _____		
	$ _____		
	$ _____		
	$ _____		
	$ _____		
	$ _____		
	$ _____		
	$ _____		
	$ _____		
Suma todas las cantidades. Estos son tus pagos mensuales en seguros.	$ _____		$ _____

10. **Gastos varios.** Los gastos varios son como un barril sin fondo. Allí se va toda la cantidad de dinero que le pongamos. Nosotros recomendamos que no más del cuatro o cinco por ciento del DD vayan en esta área de gastos.

¿Qué son gastos varios? Son suscripciones a diarios, a revistas, cosméticos para la señora, gastos de peluquería, lavandería, tintorería, comidas en el trabajo, barbería para los varones, cuotas de clubes, hobbies que tengas, gastos de cumpleaños (¿te has dado cuenta que todos los meses hay alguien que cumple años en la familia?), aniversarios, regalos de Navidad, etc.

Algunos de nosotros estamos ayudando a nuestros padres, a miembros de nuestra familia en forma regular. Lo podríamos colocar allí, en el área de los gastos varios. Algunos vivimos en Estados Unidos y estamos mandando dinero al exterior. Si quieres, puedes colocar esa cantidad en esta categoría.

Colocamos en gastos varios el dinero en efectivo que gastamos en dulces o en darnos un gusto de vez en cuando. Incluye, básicamente, cualquier gasto que no hemos considerado anteriormente.

El control de nuestros gastos varios es crítico para poder llegar a fin de mes. Una vez que los gastos fijos como la vivienda, los seguros, el transporte, los ahorros y los pagos de deudas están dentro de los límites del Plan, no hay mucho de que preocuparse. Si están dentro de esos límites, allí se van a quedar (porque son «fijos»).

No ocurre lo mismo con los gastos misceláneos. Esos gastos son extremadamente variables y nos resulta muy difícil controlarlos. Por eso, debemos ver (con la cajita de zapatos) cómo se nos va el dinero en estos gastos y colocarles un «tope». A partir de hoy, tú te vas a asignar una cierta cantidad de dinero para gastar en gastos varios y, cuando se te acabe ese dinero, debes hacer el profundo compromiso de parar de gastar.

Esa será la única forma de controlar tu plan y los gastos que tienes. Si no lo haces, nunca llegarás a fin de mes.

Gastos varios		Coloca aquí todos los gastos. Incluye aquí los regalos de cumpleaños de la familia, aniversarios y regalos de navidad.	*Consejo amigo...*
Diarios	$ _____		¿Cuál es tu dinero disponible?
Revistas	$ _____		DD= _____
Suscripciones	$ _____		Multiplica esa cantidad por 0.04
Cosméticos	$ _____		_____ (DD)
Peluquería	$ _____		x 0.04
Lavandería	$ _____		Coloca abajo el resultado... (Esta es la cantidad de dinero que deberías estar gastando en gastos varios como máximo).
Tintorería	$ _____		
Almuerzos	$ _____		
Cuotas clubes	$ _____		
Hobbies	$ _____		
Cumpleaños	$ _____		
Aniversarios	$ _____		
Feriados especiales	$ _____		
Ayuda padres	$ _____		
Ayuda familia	$ _____		
Envíos exterior	$ _____		
Otros	$ _____		
	$ _____		
Suma todas las cantidades. Este es el total de gastos varios que tienes cada mes.	$ _____		$ _____

Hasta aquí, nuestro plan llega al cien por ciento del dinero disponible:

Transporte	15%
Vivienda	38%
Alimentos	15%
Ahorros	5%
Deudas	5%
Recreación	4%
Vestimenta	4%
Salud	5%
Seguros	5%
Gastos varios	4%
Total gastos	100%

Sin embargo, hemos encontrado que en diferentes países, existen diferentes necesidades, especialmente en el área educacional. Por eso, hemos agregado un par de categorías más y hemos abierto la oportunidad para que se sumen nuevas categorías en caso de ser necesario.

Entonces, al agregar estas categorías extras se debe recordar que, deben ser ajustadas para que todavía los gastos nos puedan dar el cien por ciento de nuestro dinero disponible.

Por ejemplo: si estás enviando a tu hijo a una escuela privada que lleva al cinco por ciento de tu DD, entonces, deberás disminuir los porcentajes de otras categorías como gastos médicos, deudas o transporte para poder lograr mantener a tus gastos dentro del cien por ciento de tu dinero disponible.

Aquí están, entonces, las categorías «extras»:

11. **Cuidado de los niños.** Muchas veces el esposo y la esposa trabajan y pagan a alguien que les cuide a los niños. Puedes anotar dentro de esta categoría la cantidad de dinero que gastas mensualmente en el cuidado de tus hijos e hijas.
12. **Educación.** Otro gasto es el área de la educación privada (incluyendo clases de música, instrumentos, gimnasia, etc.). Coloca en esta categoría todos los gastos de educación de tus hijos tanto dentro como fuera del ámbito escolar.

Otros gastos. Si tienes algún otro gasto que no hemos cubierto en este plan familiar, este será el lugar para incluirlo.

Categorías extra		Incluye aquí todos los otros gastos que no hemos cubierto con nuestro plan original.	*Consejo amigo...*
Cuidado de niños	$ _____		Recuerda disminuir el porcentaje de gastos de otras categorías del plan principal para que, al agregar este nuevo gasto, la suma te dé todavía el cien por ciento de tu dinero disponible.
Educación privada	$ _____		
Piano	$ _____		
Música	$ _____		
Gimnasia	$ _____		
Idiomas	$ _____		
Otros gastos	$ _____		
	$ _____		
	$ _____		
	$ _____		
	$ _____		
	$ _____		
	$ _____		
	$ _____		
	$ _____		
	$ _____		
Repite aquí la cantidad que estás gastando en otras categorías no contempladas en el plan original.	$ _____		$ _____

Ahora, suma todas las categorías, todos los totales de todas las categorías. Eso te va a dar tus gastos totales de la familia. Lo que tenemos que hacer ahora, por un lado es tomar el DD (dinero disponible), restarle el área de los gastos, y eso nos va a dar el total de DD menos gastos. Esa es la cantidad con la que te estás quedando en el bolsillo al final de cada mes.

Cantidad de gastos:

Vivienda:	_____
Transporte:	_____
Comida:	_____
Deudas:	_____
Entretenimiento:	_____
Vestimenta:	_____
Ahorros:	_____
Gastos médicos:	_____
Seguros:	_____
Otros gastos:	_____
Total de gastos:	_____

Ahora, simplemente debemos hacer una resta:

Dinero disponible: _____

(menos)

Total gastos: _____

Este es el dinero que queda: _____   (¿positivo? / ¿negativo?)

¿Te da positivo o negativo? Si es un número negativo vas a tener que hacer algún tipo de arreglo porque obviamente estás gastando más de lo que ganas.

Si te da positivo, ¡Felicitaciones! Lo único que tienes que hacer ahora, es ajustar tu plan poniéndote de acuerdo con tu cónyuge (si lo tienes) para «pactar» cuánto se va a gastar mensualmente en cada una de las categorías.

Nuevo pacto para nuestros gastos:

Vivienda: _____

Transporte: _____

Comida: _____

Deudas: _____

Entretenimiento: _____

Vestimenta: _____

Ahorros: _____

Gastos médicos: _____

Seguros: _____

Otros gastos: _____

Total de gastos: _____

3. ¿Cómo se controla un plan?

Ahora viene uno de los secretos más importantes: cómo controlar el plan que acabamos de terminar de hacer. De nada sirve ponernos de acuerdo en cuánto vamos a gastar en cada categoría si, cuando llega la hora de la verdad, no podemos controlar nuestros gastos.

Hay varias maneras de controlar un plan. A saber: a través de un sistema de planillas en el que cada categoría tiene su planilla. Cada vez que hacemos un gasto, escribimos en la planilla correspondiente el gasto realizado y llevamos la cuenta cada día de cómo estamos gastando nuestro dinero en cada categoría.

Ese es un sistema muy apropiado para gente detallista y gente que ama los números. En general, incluso individuos con ese tipo de personalidad están migrando rápidamente hacia la segunda manera de controlar el plan: por computadora.

Existen en el mercado un número importante de programas de computadora tanto en inglés como en español para el manejo de las finanzas a nivel individual, familiar y de negocios. Nosotros usamos uno en nuestro hogar desde comienzos de los años noventa. Nos ha dado un excelente resultado y, si tienes acceso a una computadora, te recomiendo que inviertas unos pesos en comprarte un programa de manejo financiero que te permitirá tener información detallada sobre tu patrón de gastos.

El tercer sistema, que también usamos en casa desde comienzos de los noventa y que tú puedes usar en tu casa sin necesidad de planillas ni computadoras, es el sistema de controlar gastos por sobres. Realmente funciona.

Nosotros usamos la computadora para obtener información, pero usamos los sobres para controlar la forma en la que gastamos nuestro dinero.

Nuestro sistema funciona de la siguiente forma: lo primero que debes hacer es ponerte de acuerdo en cuanto vas a gastar cada mes en cada categoría. Copia los números de la página anterior:

Nuevo pacto para nuestros gastos:

Vivienda:	_____
Transporte:	_____
Comida:	_____
Deudas:	_____
Entretenimiento:	_____
Vestimenta:	_____
Ahorros:	_____
Gastos médicos:	_____
Seguros:	_____
Otros gastos:	_____
Total de gastos:	_____

Ahora, vas a decidir cuáles, de esas categorías, las vas a manejar con dinero en efectivo. Por ejemplo: comida, entretenimiento, gastos varios, transporte (para gasolina), etc.

El tercer paso, es dividir esos gastos mensuales en cuatro y declarar cuatro «días de pago familiar». Cuidado: no te estoy recomendando que dividas el mes en cuatro semanas, sino en cuatro «días de pago…» La razón, es que, de vez en cuando, vas a tener cinco semanas en un mes y una de las razones por las que estás armando un plan es para proveer cierta consistencia a tus gastos. La quinta semana hace que tu plan sea inconsistente.

Olvídate, entonces, de las semanas del mes y de las fechas cuando cobras tu salario. Cuando tú cobras, simplemente asegúrate de que el dinero va a tu cuenta de banco o a un lugar central de donde sacarás el dinero para gastarlo más adelante.

Trabajo

Cuenta de banco o colchón

Simplemente establece el 1, el 8, el 16 y el 24 como aquellos días en los que irás al banco (o a su colchón familiar) para retirar el dinero en efectivo que necesitarán para los próximos siete u ocho días.

Días de pago familiar:	1	8	16	24
Categorías				
Comida				
Vestimenta				
Recreación				
Transporte				
Gastos varios				

No te preocupes de los otros gastos (alquiler, gas, luz, pagos del auto…). Si armaste correctamente tu plan familiar o personal de acuerdo a los parámetros que te hemos sugerido, esa parte del plan «se cuida sola». La razón es que esos gastos son casi «fijos» y la mayor cantidad de dinero que desperdiciamos se nos va a través de nuestros gastos variables y del dinero en efectivo que tenemos en el bolsillo.

Debes decidir entonces: ¿Cuánto vamos a gastar de comida? Si decidimos que vamos a gastar 400 pesos de comida por mes. Eso quiere decir que vamos a tomar 100 pesos cada «día de pago familiar» para comer por los próximos siete a ocho días. Ese debe ser un compromiso firme de nuestra parte.

Si vamos a separar unos 80 pesos por mes para la vestimenta de la familia, entonces cada día de pago, retiraremos $20.

Si vamos a gastar 100 pesos en entretenernos, entonces retiraremos $25 cada día de pago familiar.

Días de pago familiar:	1	8	16	24
Categorías				
Comida	100	100	100	100
Vestimenta	20	20	20	20
Recreación	25	25	25	25
Transporte				
Gastos varios				

¿Te das cuenta que aquí no importa si cobras semanalmente, quincenalmente o mensualmente? Lo único que importa es que retires del banco la cantidad que has presupuestado para vivir por los próximos siete u ocho días. De lo único que te debes preocupar es de no sacar más dinero del que te has prometido gastar. El resto del plan se cuida solo.

Suponte, entonces, que también decides que necesitas unos 160 pesos por mes para gastos de transportación y unos 200 para gastos varios. Así quedará tu cuadro de retiro de dinero:

Días de pago familiar:	1	8	16	24
Categorías				
Comida	100	100	100	100
Vestimenta	20	20	20	20
Recreación	25	25	25	25
Transporte	40	40	40	40
Gastos varios	50	50	50	50
Total de retiro	235	235	235	235

Eso quiere decir, que cada «día de pago familiar» tú tomarás $235 del banco para tus gastos en efectivo hasta el próximo «día de pago».

Ahora tienes una forma de control. Ahora sabes que, cada siete u ocho días tú vas a gastar 235 pesos en efectivo para tus gastos variables y, maravillosamente, has convertido a tus «gastos variables» en ¡gastos fijos!

Ahora estás tú en control. Tú controlas el dinero y el dinero no te controla a ti.

Practica. Trata de definir tus gastos en dinero en efectivo para cada «día de pago».

Días de pago familiar:	1	8	16	24
Categorías				
Total de retiro				

Finalmente, ahora, lo que debes hacer es tomar algunos sobrecitos para distribuir entre ellos el dinero en efectivo. Nosotros, en casa, usamos el Organizador Efectivo, un sistema de sobres que creamos en Conceptos Financieros que se cierra como si fuera una billetera. Tú puedes usar sobres de tu casa, si quieres.

Entonces a uno de los sobres le colocas la palabra «donativos»; a otro, «vivienda»; a otro, «alimentación o comida»; a otro, « transporte»; y así vas teniendo un sobrecito para cada categoría. Yo les recomiendo tener un Organizador Efectivo para el esposo y uno para la esposa. Pueden usar, también, una cajita de cartón para poner los sobres.

Entonces, cada día de pago familiar la esposa y el esposo, se dividen el dinero.

«¿Cuánto vamos a gastar de comida?»

«Bueno, si dijimos que vamos a gastar 100 pesos, pues ponemos en el sobrecito de la comida y coloquemos allí 100 pesos».

Cuando la señora va al mercado, toma su sobre de la comida, y paga con el dinero que hay en él. El problema viene cuando se nos acaba el dinero de ese sobre ¡antes del siguiente día de pago! Por favor: ¡no deje de comer!

Hay que hacer algún arreglo allí: uno se va a ir dando cuenta de que debe aprender a manejar el dinero durante esos siete u ocho días para que esos 100 pesos alcancen hasta el siguiente día de pago familiar.

Lo mismo ocurre, por ejemplo, en el área del entretenimiento. Suponte que llega el domingo. Al salir de la iglesia o el club, tu amiga, Carolina, te dice:

«¡Vamos a comernos una pizza!» Entonces, ¿qué haces? Sencillo: Tomas el sobrecito del entretenimiento y miras: «¿Tengo o no tengo dinero para ir a comer una pizza?».

Si no tienes dinero, entonces, le dices a tu amiga: «¿Sabes? Va a tener que ser la semana que viene, porque me he gastado todo el dinero del entretenimiento para esta semana...» Quizá, entonces, Carolina te diga: «No te preocupes, yo pago». Entonces, tú, muy amablemente le dices... «¡Ningún problema!»

¡Esa es la diferencia entre los que tenemos un plan y los que no!

Lo mismo debe ocurrir con los gastos misceláneos. Una vez que se te acabaron los «gastos varios» de la semana, no vas a poder ir a cortarte el cabello o a hacerte las uñas hasta la semana que viene. ¿Por qué? porque ya se te acabaron los gastos misceláneos y te has comprometido a esperar hasta el próximo día de pago familiar.

Quizá vas a tener que suspender una suscripción algún diario o revista porque has gastado demasiado este mes en esa categoría. Quizás alguna otra cosa tenga que sufrir las consecuencias de una mala administración durante las semanas anteriores. El asunto, ahora, es estar totalmente comprometido a cumplir con la palabra empeñada.

Muy bien. Ahora tienes un plan personal o familiar y también tienes una forma concreta y práctica de controlarlo.

El primer «Ingrediente para el éxito económico» está en tus manos. No te desanimes. Tú puedes tomar control de tus finanzas. No te dejes desanimar por aquellos que te dicen que no lo vas a poder hacer. Estaba leyendo el libro *Unstoppable* [Que no se puede parar], de Cynthia Kersey, y me llamó la atención una serie de citas que tiene con respecto a esa idea. Me gustaría compartirte algunas:[19]

Henry Ford siempre decía: «Estoy buscando hombres que tengan una capacidad infinita para no saber lo que no se puede hacer». Todo el mundo sabe lo que no se puede hacer. Pero son sólo aquellos que no quieren saber lo que no se puede hacer ¡los que finalmente logran lo imposible!

«¿Cuánto tiempo más vas a estar entrenando en ese gimnasio y viviendo en el mundo de los sueños?» le decían sus familiares a Arnold Schwarzenegger, tratándolo de convencer para que encontrara un trabajo «respetable» y no entendiendo su deseo de llegar a ser Mr. Universo.

«Liquida tu negocio ahora mismo y recupera lo que puedas de tu dinero. Si no lo haces terminarás sin un centavo en el bolsillo», le dijo el abogado de la ahora famosísima multimillonaria Mary Kay Ash, apenas unas semanas antes de que abriera su primer negocio de cosméticos.

«Tienes una linda voz, pero no es nada especial», le dijo una profesora mientras rechazaba a la jovencita Diana Ross (ahora una cantante mundialmente conocida) para una participación en un musical de su escuela.

«Una cadena mundial de noticias, nunca va a funcionar», es lo que le dijeron a Ted Turner los «expertos» cuando presentó por primera vez su idea de crear CNN.

¿Quién te está diciendo que no puedes armar y manejar un plan de control de gastos? ¿Quizás tu propia familia? ¿Tus amigos? Tú puedes, si quieres.

El futuro está en tus manos.

2. ESTABLECE METAS Y LÍMITES ECONÓMICOS

E l segundo ingrediente para lograr la prosperidad integral es establecernos metas y límites en nuestro estilo de vida que cuadren dentro de nuestras capacidades económicas. No importa si ganas 100, 1.000 o 10.000 dólares al mes. Necesitas aprender a establecer metas económicas razonables que, luego, puedas balancear con el resto de tu vida.

Determina cuáles son tus metas

Lo primero que necesitas saber, antes de salir de puerto, es a dónde quieres llegar. Se que es muy difícil para los que crecimos en Latinoamérica mirar tan lejos en el futuro. No estamos acostumbrados a planear con 20 o 30 años de anticipación. Déjame darte una palabra de aliento: no hay que ser demasiado específico cuando uno planea con tantos años por delante.

Quisiera ayudarte a hacer este ejercicio proveyéndote de una experiencia. Quiero contarte una historia que escuché en algún lugar y que te va a ayudar a poner las cosas en perspectiva. Te va a permitir tomar algunas decisiones a largo plazo. Sin embargo, necesito que me des toda tu atención. Si estás leyendo este libro en algún lugar en el que no te puedes concentrar y no me puedes dar toda tu atención, entonces, marca la página y vuelve a retomar la lectura cuando podamos estar solos.

¿Listo?... OK.

Estás caminando por la calle y, de pronto, hacia tu derecha hay una iglesia. Parece ser domingo, porque hay muchos autos estacionados en la puerta y hay mucha gente que entra.

Tú decides entrar. Cuando entras, te das cuenta de que esa gente no está allí porque es domingo, sino que están llevando a cabo un funeral. Te preguntas si deberías pasar o no...

Entras. Te das cuenta de que el féretro está en el mismo centro de la capilla, al final del pasillo por el que has entrado. Con curiosidad, decides seguir a la gente hacia el frente. Te acercas al cajón y miras. Reconoces inmediatamente al muerto: eres tú.

Este es tu funeral. Ahora te das cuenta que toda la gente a tu alrededor son tus familiares y amigos. Te sientas en la primera banca.

Ni bien te sientas, pasa al frente un joven que se para junto al féretro. Está a punto de decir algunas palabras sobre ti como padre.

¿Qué quieres que diga?

Piensa: ¿Qué quieres que tu hijo diga de ti el día de tu entierro?

Ese es tu puerto de llegada.

Escribe:

a. ¿Qué cualidades de tu carácter quisieras que la gente recordara de ti el día de tu partida?

_____

_____

_____

_____

_____

_____

b. ¿Qué cosas materiales, realmente y de acuerdo a tus posibilidades económicas te gustaría haber disfrutado antes de irte de este mundo?

_____

_____

_____

_____

_____

Permíteme ayudarte en el proceso de decisión. Es importante que tú y tu cónyuge se sienten a la mesa y digan: «Mi amor, ¿cuánto es suficiente para nosotros?» «¿Dónde paramos de andar corriendo tras las cosas materiales?» Para algunos tener una casa, un techo sobre sus cabezas, alimento, ropa y escuela para sus hijos, es suficiente.

Algunos de nosotros quisiéramos tener un auto. En Estados Unidos, más que ser un lujo, un auto es una necesidad porque las ciudades son muy grandes y su sistema de transporte no está tan desarrollado como lo están en nuestros países latinoamericanos. Quizás quieres escribir: «Nos gustaría tener dos autos». Perfecto, quizás tú eres un profesional, un empresario o tienes los medios para comprarlo.

Aquí hay algunas metas que la gente menciona cuando enseño mis conferencias:

Casa propia	Auto(s)
Negocio propio	Educación de los hijos
Educación propia	Cobertura médica
Salud	Jubilación
Viajes	Vacaciones regulares
Casa de veraneo en el mar	Bote para pescar

Entonces, escribe las metas que te has colocado en la vida. Cuánto es suficiente para ti (tu esposa y tus hijos, si los tienes).

_____

_____

_____

_____

_____

_____

_____

_____

Convierte estas metas en tus límites:

Piensa, sinceramente: ¿Cuál es el nivel máximo al cual apuntas en tu vida económica? ¿Cuánto es suficiente? ¿Una casa, dos autos, alimento, una inversión en la educación de tus hijos? En algún momento tenemos que parar, porque si no lo hacemos caeremos en lo que llamamos el síndrome de «un poquito más».

¿Sabes cómo funciona este síndrome? Dicen que cuando le preguntaron a Rockefeller cuánto era suficiente para él (siendo el hombre más rico del mundo), él miró al reportero y le dijo: «Un poquito más». El dinero nunca satisface. Debemos aprender a eliminar el síndrome de un poquito más y debemos concretamente escribir nuestros sueños en un pedazo de papel.

De esa manera, cuando llegues a esa meta económica podrás sentarte en el fondo de la casa y decir con agrado: «Hemos llegado. Hemos alcanzado nuestros sueños. Podemos ser agradecidos y sentirnos satisfechos.»

Entonces, determinar nuestras metas cumple con dos funciones muy importantes: por un lado, enfoca nuestras energías y nuestras capacidades hacia un fin determinado. No permite que andemos vagando sin rumbo por la vida.

Por otro lado, sin embargo, también funciona como una forma de ponerle límites a nuestra ambición económica para poder sentirnos satisfechos y agradecidos; y también, para dedicar nuestras energías y nuestros recursos a otras causas (por ejemplo, mi esposa y yo hemos decidido que cada centavo que vaya más allá de nuestras metas económicas lo vamos a donar a organizaciones misioneras y de bien público).

Ese tipo de actitud no solamente nos proveerá una profunda satisfacción en lo material (haber alcanzado nuestras metas), sino también nos dará una profunda satisfacción emocional y espiritual. Esa es la idea central detrás del concepto de la prosperidad integral.

Hazte una copia de esta lista y colócala junto a tu cama. Otra, pégala en el refrigerador de la casa o junto al espejo del baño. Necesitas recordarte con regularidad a dónde vas en la vida.

Tres cosas, entonces:

1. Establece tus metas
2. Transfórmalas en límites. (¿Cuánto es suficiente?)
3. Balancea tu éxito financiero con el resto de tu vida

Charles Francis Adams, un famoso político del siglo 19 mantenía un diario personal donde escribía las cosas que le pasaban. Un día escribió: «Hoy fui a pescar con mi hijo. He desperdiciado un día.» Su hijo, Brook Adams también tenía un diario personal, que aún el día de hoy está disponible para su lectura. El joven Brook escribió ese mismo día: «Fui a pescar con mi padre, ¡fue el mejor día de mi vida!»

El padre pensó que estaba perdiendo el tiempo yendo a pescar con su hijo, mientras que su hijo pensó que estaba invirtiendo su tiempo magníficamente. La única manera de saber la diferencia entre el derroche y la inversión es tener en claro las metas personales en la vida y comparar con esas metas la forma en la que estamos invirtiendo nuestro tiempo, nuestros talentos y nuestros tesoros.[20]

Una palabra con respecto a la riqueza

No todo lo que brilla es oro y la riqueza no es lo que aparenta ser. Hay un libro muy interesante sobre el asunto, se llama *The Millionaire Next Door* [El millonario de al lado][21] de Thomas J. Stanley y William D. Danko. Es uno de los libros más vendidos del mundo y es una ventana a la vida de los millonarios de Estados Unidos.

Stanley y Danko dedicaron años de trabajo e investigación a estudiar el comportamiento de los millonarios en Norteamérica. Me gustaría compartir contigo algunas cosas interesantísimas que descubrieron.

Una de las revelaciones que los autores hacen, por ejemplo, es que en Estados Unidos mucha gente que vive en casas costosas y manejan automóviles de lujo no tienen, en realidad, mucha riqueza. Mucha gente que tiene una gran cantidad de riqueza no vive en los barrios más sofisticados del país.[22]

La mayoría de la gente se confunde cuando piensa sobre el concepto de la riqueza. Riqueza no es lo mismo que entradas de dinero. Uno puede tener un salario altísimo y no ser rico. Puede que simplemente uno esté gastando todo lo que recibe en una vida de alto vuelo. La riqueza, sin embargo, tiene que ver con lo que tú acumulas, no con lo que gastas.[23]

¿Cuál es el secreto para acumular riquezas? Raramente se trata de tener suerte o recibir una herencia, o de tener un título universitario o, aun, de poseer un alto nivel de inteligencia. La riqueza, dicen Stanley y Danko, en la mayoría de los casos, tiene que ver con un estilo de vida de trabajo duro, perseverancia, planeamiento y, sobre todo, de disciplina personal.[24]

En Estados Unidos solamente tres millones y medio de hogares (tres y medio por ciento de los hogares del país), tienen un balance de más de un millón de dólares entre su activo y su pasivo. La mayoría de esta gente viven gastando menos de lo que ganan, visten trajes baratos, manejan autos nacionales (la mayoría nunca ha pagado más de 30.000 dólares por un automóvil en su vida), e invierten entre el quince y el veinte por ciento de sus ingresos.[25]

¿Cuál es la razón por la que, proporcionalmente, tan poca gente es realmente afluente en Estados Unidos? Stanley y Danko dicen que, a pesar de estar ganando más de 10.000 dólares por mes, la mayoría de esos hogares no son realmente ricos. La razón es que tienen una tendencia a caer en deudas y a consumir insaciablemente. Esas familias creen que si no demuestran tener posesiones materiales en abundancia no son exitosos...[26]

Entonces, como puedes ver, la vida de un millonario en Estados Unidos no es tan glamorosa como nos la presentan en televisión o en las películas. Dicen los investigadores del libro *The Millionaire Next Door* [El millonario de al lado] que las tres palabras que presentarían un perfil apropiado de los ricos del país del norte es: frugal, frugal y frugal.[27]

No es que sean avaros, pero odian el derroche. Puede que para el cumpleaños de la esposa le compren un tapado de visón (una buena inversión y una demostración de amor). ¡Pero se enojarían si se dieran cuenta que la luz del baño ha quedado encendida sin razón durante toda la noche!

Una palabra final

Para concluir, entonces, si quieres disfrutar de la prosperidad integral, debes tener metas concretas tanto en el ámbito económico, como en el familiar, emocional, espiritual y personal. Esta suma de metas múltiples, probablemente no te lleven tan alto en lo económico como irías si sacrificas a la familia, a tu persona o a tus relaciones en el proceso.

Sin embargo, te traerán un nivel más alto de satisfacción personal y, al final de cuentas, no estarás viviendo un estilo de vida demasiado más sencillo que el estilo que ha elegido la mayoría de la gente realmente rica en Norteamérica.

Para poner en práctica

A. Escribe una lista de las cinco cosas más importantes en tu vida.

1. _____

2. _____

3. _____

4. _____

5. _____

B. Ahora, escribe (a grandes rasgos) cómo inviertes tu tiempo durante la semana (de mayor cantidad de horas a menor):

Por ejemplo:

Actividad	Cantidad de horas por semana
Dormir	56
Trabajar	50
Comer	24
Viajar al trabajo	12
Aseo personal	9
Mirar TV	6

Ahora te toca:

Actividad	Cantidad de horas por semana

C. Finalmente: compara las cosas que son más importantes en tu vida, con la forma en la que estás invirtiendo tu tiempo. ¿Estás invirtiendo tu tiempo y tu esfuerzo en las cosas que realmente consideras importantes? ¿Qué podrías hacer, realmente, para mejorar esa situación?

3. VIVE LOS PRINCIPIOS DE LA PROSPERIDAD HASTA LAS ÚLTIMAS CONSECUENCIAS

Nunca... nunca... ¡nunca se den por vencidos!
—WINSTON CHURCHILL

El primer ministro británico pronunció ese discurso en medio de una situación casi insostenible: el ataque nazi desde el continente europeo a la isla de Gran Bretaña durante la Segunda Guerra Mundial. Puede que, en un principio, algunos se hayan preguntado por qué desangrarse como nación y perder tantas vidas oponiéndose al nazismo.

Pero Churchill tenía una clara imagen del bien y del mal. Para él, Adolfo Hitler representaba todo el mal que podía haber en la humanidad. Su tenacidad y apego a sus más profundos principios morales a pesar de las críticas y los reveses políticos y militares fue lo que, eventualmente, salvó a Europa.

Al principio de este libro te he dado los principios «P». Yo creo firmemente que estos principios y valores que he compartido contigo son esenciales para la prosperidad integral. Comprométete con ellos con todo tu corazón, con toda tu alma y con todas tus fuerzas. Ellos traerán felicidad a tu vida:

Los siete principios «P»

1. El principio de la renuncia
2. El principio de la felicidad
3. El principio de la paciencia
4. El principio del ahorro
5. El principio de la integridad
6. El principio del amor y la compasión
7. El principio del pominio propio

Eventualmente, estos principios comenzarán a jugar a tu favor. Con una meta clara («¿Cuánto es suficiente?»), y un plan apropiado para manejar tus ingresos, podrás disfrutar libremente de la prosperidad integral de la que hemos estado hablando.

Edward Bok cuenta la historia de dos jóvenes que estaban estudiando en la Leland Stanford University. Llegó un día en el que los jóvenes se vieron en serios problemas para pagar sus gastos de estudios y sus gastos de supervivencia. Fue entonces que uno de ellos sugirió el tratar de organizar un concierto con el conocido pianista Paderewski. Las ganancias podrían ayudarles a pagar sus gastos de vivienda, comida y estudios.

Cuando contactaron al administrador del pianista, este les requirió una garantía mínima de 2.000 dólares (una importante suma de dinero para esa época). Los estudiantes, sin dudarlo por un segundo, se abocaron a la tarea de preparar el concierto. Trabajaron duramente, pero a pesar de ello, el concierto solamente produjo una ganancia de 1.600 dólares.

Los jóvenes, entonces, fueron a ver al gran artista después de la presentación y le contaron lo que había ocurrido. Le dieron los 1.600 dólares y un pagaré firmado por los otros 400. Le indicaron al famoso pianista que, ni bien tuvieran el dinero, le harían ese pago. «No», dijo Paderewski, «eso no va a funcionar». Entonces, rompiendo el pagaré en mil pedazos les devolvió el dinero diciéndoles: «Ahora: tomen este dinero, paguen todos sus gastos, guárdense el diez por ciento del resto cada uno por el trabajo realizado y denme lo que quede».

Los años pasaron (años de fortuna y destino) y Paderewski se convirtió en el Premier polaco. La gran guerra llegó a Polonia y Paderewski se preguntaba cómo haría para alimentar a su hambrienta nación. En ese momento en la historia, había un sólo hombre en todo el mundo que podía ayudar a Paderewski y a su gente. Y así fue: miles de toneladas de alimentos comenzaron a llegar a Polonia para ser distribuidas por el Premier polaco.

Luego de que su hambrienta nación fuera alimentada, Paderewski viajó a París para agradecerle al presidente norteamericano Herbert Hoover por el auxilio enviado. «No fue nada, Mr. Paderewski», contestó el presidente Hoover. «Además, usted seguramente no se acuerda, pero siendo yo estudiante universitario usted fue el que me ayudó primero, cuando, en esa oportunidad, era *yo* el que estaba hundido en el pozo de la necesidad».[28]

La vida es larga y uno nunca sabe «por dónde salta la liebre», dirían en mi país. Uno nunca sabe cómo el vivir nuestros principios (en este caso el del amor y el compromiso), vaya a afectar nuestro futuro.

4. Aprende a compartir

Yo creo firmemente que una de las principales razones por las que logramos y podemos obtener prosperidad es para poder compartirla. Compartir con los demás es un importante principio de la prosperidad; fundamental para desarrollar la actitud correcta frente a la vida.

Es por eso que la tradición occidental ha generado una innumerable cantidad de organizaciones de beneficencia que nos han impactado socialmente a través de los siglos. Podríamos mencionar, entre ellos, hospitales, escuelas, orfanatos, hogares de niños, leprosarios y universidades como las de Oxford, Yale, Harvard, Loyola o Princeton.

También podríamos mencionar organizaciones internacionales como la Cruz Roja, Cáritas, el Ejército de Salvación, Auxilio Mundial, Visión Mundial (World Vision) y Habitat for Humanity (la empresa constructora de casas más grande del mundo que provee vivienda digna a la gente de bajos recursos). No seguiré mencionando nombres porque ¡me voy a meter en problemas! (Hay tantas y tan buenas organizaciones que nacieron de nuestras raíces religiosas y cristianas…)

Creo que es importantísimo que aprendamos a compartir de nuestras bendiciones. Si no lo hacemos, morimos un poco como personas. Hemos sido diseñados para compartir lo poco o lo mucho que tengamos; las alegrías y las tristezas. El egoísmo o la avaricia no nos caen muy bien al espíritu.

Esa es una de las razones, por ejemplo, por las que el Mar Muerto (en Israel) está, literalmente, muerto. El Mar Muerto se encuentra a 398 metros debajo del nivel del mar y el río Jordán entrega a este mar más de 6 millones de metros cúbicos de agua por día. Sin embargo, el Mar Muerto tiene un problema: solamente recibe agua, nunca la da. El agua, entonces, se estanca y, con la evaporación que produce el sol del desierto, la concentración de sal aumenta.

La concentración normal de sal en el océano es del dos al tres por ciento, mientras que la concentración de sal en el Mar Muerto es del veinte y cuatro al veinte y seis por ciento, además del magnesio y el calcio. No hay vida que aguante ese potaje químico.

El Mar Muerto, con sus 1.000 kilómetros cuadrados de superficie, es grande, rico en minerales, y es, probablemente, el mar más conocido del mundo. Sin embargo, ha perdido la vida. Está vacío en su interior. La experiencia del Mar Muerto nos enseña, entonces, que el dar, luego de recibir, es un proceso vital para permitir mantener la frescura de nuestro corazón.

Existen varios principios que creo importantes para tener en cuenta al momento de dar y me gustaría compartirlos contigo:

1. Debemos dar por convicción.

Debemos dar porque creemos que es lo correcto. Aun desde las religiones más antiguas, hace unos 4.000 años atrás, el dar forma parte de un ritual de fe.

Es interesante notar que el «diezmo» (dar la décima parte de algo) precede aún a la Ley Mosaica y es, sobre todo, el resultado de una actitud del corazón.

El motivo principal para el religioso o para el que tiene una fuerte convicción de dar, es una actitud interior: humillarse internamente reconociendo que todas las cosas no son el producto de nuestros propios esfuerzos o el trabajo, sino el reconocimiento de que los bienes materiales son el resultado de una provisión divina o bendición y por lo tanto somos administradores de los bienes que poseemos.

2. Debemos dar desinteresadamente.

Está en el mismo espíritu del dar, el dar por amor, no por interés.

Cuando nosotros damos a otros por interés y no por amor, esa acción «de nada nos sirve». Es importantísimo cambiar nuestra actitud al dar, para que el dar produzca sus efectos beneficiosos en nuestra vida.

Piensa por un momento: Como padres, cuando nuestro hijo o nuestra hija nos da un abrazo y un beso, ¿cómo queremos que nos lo de?... ¿Por amor, o porque quiere «sacarle algo al viejo»?

Seguramente que queremos que nos lo dé por amor.

En realidad, el concepto del hijo que demuestra cariño a su padre porque tiene otros «intereses» en mente, es una idea un tanto repugnante para muchos de nosotros.

En mi humilde opinión, nosotros deberíamos estar enseñando a nuestra gente a dar por amor, no por interés. Cuando yo le enseño a alguien a dar por interés, recibo buenos resultados inmediatos. La razón, es que comienzo a mover una parte oscura del espíritu humano: la codicia.

Pero volviendo al tema de nuestros hijos: mis hijas no tienen idea de las bendiciones económicas que mi esposa y yo tenemos guardadas para ellas.

Nuestras niñas todavía son demasiado pequeñas para entender cosas como fondos mutuos, planes de retiro o fondos para la universidad. Nosotros tenemos tesoros guardados para ellas que ellas ni se imaginan.

Sin embargo, cuando ellas me dan un beso y me dan un abrazo, yo *todavía* quiero que me lo den por *amor*. No por el interés en los tesoros que les tenemos guardados para el futuro.

3. Debemos dar voluntariamente.

Cada uno debe dar según lo que haya decidido en su corazón, y no de mala gana o a la fuerza. El que da voluntariamente, ve el dar como una inversión en la vida de otra persona.

4. Debemos dar generosa y abnegadamente.

Aquí no se trata de cuánto puedo dar, sino de dar en forma generosa y sacrificadamente. El dar es una cuestión de nuestro carácter, no de la posición socioeconómica en que estemos. Dice un buen amigo mío que «el dar es el símbolo de la riqueza, mientras que el pedir es el símbolo de la pobreza»[29] (y no estamos hablando de riqueza y pobreza material). El que tiene un carácter maduro será también generoso. El que tiene de dónde dar, dará aunque no tenga.

5. Debemos dar humildemente.

La humildad es un elemento esencial al momento de dar a los demás. Practiquémosla en medio de la sociedad electrónica y rimbombante que vivimos.

Fue muy triste ver a los artistas de Hollywood darse tanto alarde por sus donaciones cuando ocurrió lo del huracán en Nueva Orleáns. Cuando en realidad la gran cantidad de dinero que llegó para ayudar a las víctimas, llegó de miles de personas y organizaciones que no buscaron publicidad.

6. Debemos dar con el corazón.

Como dijéramos anteriormente, la cantidad o el porcentaje de dinero no es realmente importante al momento de dar. Algunos pueden dar más, otros menos. Lo que realmente importa es nuestro «ser» interior y no nuestro «hacer» exterior.

7. Debemos dar con sabiduría.

Deberíamos aprender a dar al necesitado, dar a causas nobles, dar para demostrar amor a nuestros amigos y familiares y darnos a nosotros mismos con nuestros talentos y tiempo para la humanidad.

Tengo un buen amigo que vive en Puerto Rico. Es médico. Cada año organiza un equipo de médicos que viaja a diferentes lugares del Caribe donde hay pobreza y necesidad para tratar a la gente enferma. Él es un excelente cirujano y se especializa en reemplazos de caderas. Para este tiempo ha hecho cientos de reemplazos de caderas, especialmente a jóvenes y niños de familias necesitadas.

Él y sus amigos médicos entregan de su tiempo y de su dinero para hacer estos viajes. Pero el aporte que más impacto hace en la vida de la sociedad es la entrega de sus conocimientos y experiencia con el fin de ofrecer algo que no tiene precio: la salud.

Alberto vive en Chicago. Es un excelente amigo personal y es la persona más capaz que conozco en el mundo cuando uno habla del tema de redes de computadoras. Él trabajó en montar las redes de computadoras de una de las compañías de hamburguesas más grandes del mundo. Es un verdadero genio.

Alberto me confesó que tiene una meta en la vida: acumular suficiente capital como para retirarse temprano en la vida y de esta manera poder viajar ofreciendo gratuitamente sus servicios y experiencia a organizaciones de bien social alrededor del mundo.

En muchas ciudades de Estados Unidos es común encontrar asociaciones de hombres de negocios y profesionales que ya se han retirado ofreciendo su experiencia y sabiduría gratuitamente a aquellos profesionales y negociantes que recién están comenzando.

Sin embargo, quisiera colocar aquí una palabra de precaución con respecto a las personas y organizaciones a las que habremos de ayudar con nuestro tiempo, talento y tesoros.

Aquí van algunas pautas a considerar antes de dar a cualquier organización o persona:

- ¿Cuántos años de existencia tiene esta organización?
- ¿Tienen metas concretas y claras o están tratando de ser todo para todos? («El que mucho abarca, poco aprieta», dice el refrán)
- ¿Hay gente que les conozca bien? ¿Qué dicen?
- ¿Cuál es la reputación del líder?
- ¿Cómo se reflejan los principios y valores que hablamos al comienzo de este libro en su vida?
- ¿Tiene la organización o iglesia informes financieros regulares?
- ¿Están esos informes disponibles a los donantes?
- ¿Tienen un auditor externo a la organización?

- ¿Tiene la organización una junta directiva o es una dictadura?
- ¿Son los miembros de la junta directiva miembros de la misma familia? ¿Cuántos?
- ¿Cuáles son los resultados concretos del trabajo de esta organización?
- ¿Qué porcentaje de los donativos se usan para recaudar más donativos?
- ¿Cómo se establece el salario de los líderes de la organización?
- ¿Cuántos salarios mínimos gana el líder máximo?

Debemos recordar que estas son solo pautas para ayudarte a pensar en la dirección correcta al momento de decidir a dónde vas a invertir el dinero que tienes para dar. «Hay de todo y para todos en este mundo cruel», dice un amigo mío ¡y tiene razón! Una de las marcas de un buen administrador es, justamente, administrar correctamente hasta lo que habrá de dar a otros.

Recuerdo que me contaron en Miami la historia de una mujer que comenzó una «pirámide» económica «para el bien de todos», según decía. Sin embargo, cuando el pozo llegó a los 5.000 dólares no dio más signos de vida y desapareció del mapa.

En otra historia de terror del sur de la Florida una familia, supuestamente en necesidad, colectó miles de dólares en efectivo de ayuda de las iglesias de la zona, compró otros miles de dólares en muebles y artículos del hogar a crédito, colocó todo en un contenedor y dejando deudas y benefactores se mudaron de vuelta a su país en Centroamérica.

Antes de ayudar a un individuo, uno se debería preguntar:

- ¿Por qué ha llegado a esta situación?
- ¿Hay algún principio «P» que se ha estado violando?
- ¿Qué valores tiene este individuo o familia? ¿Qué me dice esta situación económica particular sobre sus valores personales? (Recordemos lo que decía el Dr. Larry Burkett: «La forma en la que manejamos nuestro dinero es una expresión externa de una condición espiritual interna».)
- ¿Está dispuesto a corregir errores o sólo quiere el dinero?
- ¿Está viviendo con un plan económico? Si no lo está, ¿Estaría dispuesto a vivir dentro de un plan?

En las contestaciones a esas preguntas se encuentra la base de nuestra decisión de ayudar a alguien. Sea un desconocido, un amigo o familia.

La siguiente cosa que te recomendaría al momento de ayudar a otra persona (y esto lo hago por la cantidad de historias de terror que escucho sobre este asunto), es que nunca prestes ni ayudes a alguien con dinero a menos que se lo puedas regalar. Esto no quiere decir que se lo tengas que regalar. Simplemente quiere decir que si no se lo puedes regalar, no se lo deberías prestar.

Una universidad en un país de Sudamérica se encuentra hoy en día en un aprieto económico justamente por esa razón. Un líder comunitario quería organizar un evento musical hace algún tiempo atrás y fue a pedirle a la universidad que le prestara el dinero. El presidente universitario, amigo del que vino a pedir prestado, se opuso al préstamo porque a pesar de tener una gran cantidad de dinero en el banco, ese dinero era dinero para pagar bonos a los trabajadores y profesores universitarios.

Sin embargo, el líder comunitario tenía suficientes amigos en la junta directiva de la universidad como para ir por encima de la decisión del presidente. Para hacer la historia corta, diremos que los miles y miles de dólares le fueron prestados y que el evento musical que debía atraer a decenas de miles de personas sólo tuvo una concurrencia de unos pocos cientos.

Ahora, frente al fracaso total, este líder está enviando a algunos de sus amigos a hablar con el presidente de esta universidad para que le perdone la deuda contraída. Entonces, es cuando éste hombre de honor me llama: «Andrés», me dice, «Si fuese el dinero de mis ahorros se lo regalo. ¡Pero es el dinero de los trabajadores y profesores de la universidad!»

¡Cuántas historias de terror como esa escucho a lo largo de nuestro continente! El asunto funciona más o menos así: a) el amigo o familiar de alguien le pide dinero prestado; b) la víctima presta dinero que, en realidad, lo necesita otra cosa. c) Pero como se le promete que se le va a devolver para una determinada fecha, lo presta de todas maneras. d) Eventualmente, el pago no llega y ahora la miseria tiene compañía…

Alguien una vez me dio este consejo que nos ha dado muy buen resultado: cuando un amigo o familiar nos pide dinero prestado, mi esposa y yo (¡tiene que ser una decisión de los dos!), vemos qué pasaría si le tuviéramos que regalar ese dinero. Si no nos afecta el plan, ni los compromisos futuros, se lo prestamos.

Si nuestro amigo o familiar no nos puede pagar por alguna razón valedera, entonces mi esposa y yo le decimos: «No te preocupes, tómalo como un regalo de nuestra familia para la tuya». Hemos perdido dinero, pero hemos salvado una amistad.

Dejo el tema de «Aprender a Compartir» como un ingrediente para el éxito económico con una historia. Se cuenta que una vez un mendigo estaba pidiendo dinero al costado del camino cuando pasó a su lado el famoso Alejandro el Grande. Alejandro lo miró y, con un gesto bondadoso, le dio unas cuantas monedas de oro.

Uno de los sirvientes del gran conquistador, sorprendido por la generosidad de Alejandro le dijo: «Mi señor, algunas monedas de cobre podrían haber satisfecho adecuadamente la necesidad de este mendigo. ¿Por qué darle oro?» El conquistador miró a su paje y le contestó con sabiduría: «Algunas monedas de cobre podrían haber satisfecho la necesidad del mendigo; pero las monedas de oro satisfacen la generosidad de Alejandro».

Aprendamos a dar en un nivel económico que no solamente satisfaga las necesidades físicas de los demás, sino que, por sobre todo, satisfaga la generosidad y la integridad de nuestro corazón.

Para poner en práctica

Aquí hay un resumen de los siete principios del dar que acabo de compartir contigo. Toma un tiempo para revisarlos antes de continuar.

1. Debemos dar por convicción.
2. Debemos dar desinteresadamente.
3. Debemos dar voluntariamente.
4. Debemos dar generosa y abnegadamente.
5. Debemos dar humildemente.
6. Debemos dar con el corazón.
7. Debemos dar con sabiduría.

Si quisieras saber qué tipo de organizaciones apoyar con tus finanzas, piensa: «¿Qué tipo de cosas realmente me molestan?» o «¿Qué tipo de cosas me enojan?» Luego, busca organizaciones que resuelvan ese problema y apóyales de todo corazón.

Por ejemplo, a mi me enoja el derroche de dinero y la opresión económica en la que se encuentra el pueblo de habla hispana en Estados Unidos. Me molesta profundamente, también, el sufrimiento económico de nuestro pueblo latinoamericano. Siento que quiero abrazarte y darte una mano para que te vaya mejor en las finanzas...

Por eso, dejé todo lo que estaba haciendo para unirme al Dr. Larry Burkett en *Crown Financial* y fundar el departamento hispano de esa organización
(Conceptos Financieros Crown). Mi esposa y yo apoyamos a esta organización
con nuestras tres «T»: tiempo, talento y tesoros. Si te interesa unirte a nuestra
causa, mándame un correo electrónico.

¿Hay alguna organización que viene a tu mente en la que quisieras invertir tu
tiempo, tu talento y/o tus tesoros?

1. _____

2. _____

3. _____

¿Qué podrías aportar, específicamente? Escribe en una lista las cosas que
podrías aportar a estas organizaciones.

1. _____

2. _____

3. _____

5. Paga tus préstamos

Ahora que tenemos un plan para controlar gastos y sabemos cómo estamos gastando el dinero, una de las primeras metas que deberíamos tener es vivir una vida libre de préstamos y dejar de pagar intereses a prestamistas y a los bancos. Las deudas de «consumo» son las deudas que hemos tomado en artículos que pierden su valor con el tiempo o que los hemos comprado para «consumir» (heladeras, lavarropas, alimentos, ropa, radio, TV, etc.).

En realidad, no deberíamos tener deudas generadas por el consumo. Deberíamos aprender a ahorrar y comprar al contado. El hecho de que tengamos deudas de consumo puede ser una indicación de que estamos consumiendo más de lo que deberíamos.

Aquí hay una buena regla a seguir: si uno siempre gasta menos de lo que gana, ¡nunca tendrá que pedir prestado!

a. ¿Cuáles son las causas de las deudas?

Muchas veces he encontrado que la razón por la que la gente ha caído en deudas es porque se ha «estirado» económicamente más allá de lo que debía. Por ejemplo, ha comprado o alquilado una casa más grande de la que tenía que haber comprado, o un auto más caro del que tenía que haber adquirido, o ha hecho un negocio en el que no se tendría que haber involucrado…

Al principio, el individuo no sufre las consecuencias de estar gastando más de lo que debiera porque hay gastos que no ocurren todos los meses. Por ejemplo, el auto no se rompe todos los meses, la casa no tiene problemas todos los meses, la familia no se enferma todos los meses, las emergencias no vienen a nuestra vida todos los meses.

La gente generalmente me dice: «Andrés, caímos en deudas porque nos vino una situación inesperada». Y yo pienso: «Lo inesperado no sería tan inesperado, ¡si lo estuvieras esperando!»

Las cosas «inesperadas» van a venir a nuestra vida. Espéralas. Somos seres humanos, crecemos, vivimos, nos movemos; las cosas inesperadas nos van a ocurrir. Entonces, existe una sola forma de prepararnos para lo inesperado: ahorrando con regularidad.

A partir de hoy, debes tomar, aunque sea, el cinco por ciento de tu DD y colocarlo aparte para situaciones inesperadas. Tu meta es lograr tener, en efectivo, ya sea en una cuenta de banco o debajo del colchón, por lo menos de dos a tres meses de salario. Por ejemplo, si ganas $800 al mes, tu meta debería ser el tener entre $1.600 a $2.400 en dinero en efectivo como un fondo de prevención para situaciones inesperadas.

Por supuesto que existen excepciones a la regla, pero en general, si estamos comprando de «fiado», si hemos caído en las manos de prestamistas o bajo la opresión de las tarjetas de crédito es que, por un lado, no estamos ahorrando con regularidad, y por el otro, estamos teniendo cosas que no deberíamos tener de acuerdo al nivel económico al cual pertenecemos (tomando en cuenta nuestro «DD»).

b.   ¿Cómo evitar problemas con las deudas en tarjetas de crédito?

—¿Cómo se conjuga el verbo «tarjetear»?

—Se conjuga: «Yo debo, tú debes, el debe...»

El uso de las tarjetas de crédito se está convirtiendo en un verdadero dolor de cabeza para muchas familias hispanas de nuestros días. Las deudas y tarjetas se acumulan; y, juntamente con ellas, tensiones familiares y personales.

Los compromisos contraídos con tarjetas de crédito en Estados Unidos se han cuadruplicado desde el año 1986. La deuda de los consumidores norteamericanos ha llegado a un billón de dólares («*one trillion*» en inglés). Para tener una idea de la seriedad del asunto: si colocáramos billetes de cien dólares, uno encima del otro, con un billón de dólares haríamos una columna de unos ¡100 kilómetros de alto! (unas 70 millas).

¿Y cómo andamos los latinos? No mucho mejor que los «gringos». El crédito fácil ha sido un veneno para muchas de nuestras familias. Por un lado, porque muchos de nosotros crecimos en un pasado donde tener crédito era sólo una cosa de ricos y, entonces, nunca aprendimos a manejarlo. Por el otro, las oficinas de mercadeo en estos días promueven la idea de «tenlo ahora y paga después»: una filosofía de consumo peligrosa.

Así que, antes de «tarjetear» toma en cuenta estos principios económicos para no tener jamás problemas con el uso de tu crédito:

1. Nunca compres algo con la tarjeta que no esté en tu plan.

Cuando te encuentres frente a la posibilidad de una compra, considera si lo que vas a comprar está dentro de tu plan. Si no está dentro del plan económico de la familia, da media vuelta y márchate. El único problema que este principio trae asociado es que muestra una realidad en nuestras vidas como latinoamericanos: ¡primero debemos aprender a ordenarnos!

Nunca desvistas a un santo para vestir a otro. Si estás comprando comida, ropa y otras necesidades básicas de tu familia a crédito, es que te has gastado primero ese dinero en algún otro lado. Pregúntate: ¿por qué no tenemos el dinero disponible?

2. Comprométete a pagar cada mes el cien por ciento del balance.

Haz ese compromiso hoy mismo. Aunque ya tengas muchas deudas en tu tarjeta, prométete que cuando llegue el fin del mes, pagarás todo lo que cargaste en la tarjeta durante el mes y, además, los intereses correspondientes. De esa manera, te asegurarás de no caer más profundamente en el pozo.

El día de hoy, con el alto interés que están cobrando las tarjetas y lo pequeño que es muchas veces el pago mínimo, si uno hace solamente ese pago no saldrá fácilmente de su esclavitud económica. Aún más: en algunos casos específicos, si uno hace el pago mínimo que indica la tarjeta, en realidad no sólo no avanzarás en la reducción de tu deuda sino que ¡te continuarás hundiendo!

3. Comprométete a no usar más tu tarjeta de crédito.

Si uno ha hecho el compromiso de pagar cada mes todo lo que uno coloca en la tarjeta de crédito y, de pronto, hay un mes en el que no puede cumplir con su promesa, entonces uno debe aplicar este tercer principio que es, en realidad, una buena forma de practicar nuestras habilidades como chef... Esta es una receta de cocina que me pasaron hace algún tiempo atrás:

a. Calienta el horno a fuego mediano hasta llegar a los 170° C (350° F).
b. Prepara una bandeja para pizza y úntala con aceite o manteca.
c. Coloca tus tarjetas en la bandeja y la bandeja en el horno por quince minutos.
d. Llama a la compañía, y diles que, cuando caduque la tarjeta no quieres que te manden ningún reemplazo.

No te sientas mal. Eso no quiere decir que uno es un inútil porque las tarjetas no son para uno. Lo que ocurre es que hay ciertos tipos de personalidad que manejan mejor los conceptos y las ideas concretas. Esas personas (entre ellos tengo algunos amigos míos muy cercanos) no deben manejar un concepto abstracto como el concepto del crédito. «Tarjetear» no es para ti. Maneja dinero en efectivo.

Si cumples en tu vida financiera estos tres simples principios económicos nunca tendrás problemas con este tipo de deudas y, ¡desde ahora podrás comenzar a conjugar el verbo «tarjetear» de una manera diferente!

c. ¿Cuáles son algunas pautas, normas o reglas para pedir prestado?

1. El pedir prestado, a través del tiempo y las culturas, siempre se asocia con una idea negativa y no recomendable. Por regla general, mientras debas dinero a alguien, te conviertes en esclavo de esa persona o institución. Siempre es mejor estar en la posición de dar que de recibir. El que pide prestado está generando una dinámica muy peligrosa en la que si no es cauteloso y disciplinado en devolver lo que debe, puede permanecer en esta situación por años, terminar pagando hasta diez veces lo que tomó prestado y haberse privado él y los suyos de muchos beneficio que el haber estado en control de sus finanzas le hubiera otorgado.

Obviamente, no está prohibido pedir prestado, pero se presenta como algo indeseable y que uno debería hacer sólo en casos extremos, no como en nuestros días, que el crédito se ha convertido en un integrante más de nuestra planificación financiera.

2. El pedir prestado debe ser un compromiso a corto plazo. No es así con los bancos el día de hoy. Muchos bancos y compañías de crédito (especialmente en Estados Unidos y Puerto Rico) están prestando dinero a gente que jamás debería recibir un préstamo. En estos años los norteamericanos están recibiendo en sus hogares ¡más de *dos mil millones de ofertas de tarjetas de crédito!* Los prestamistas están flexibilizando las reglas para prestar dinero porque yo creo que el negocio de ellos es tener a la gente pagando intereses y no pagando sus deudas. Es por eso que la gente hoy en día se está endeudando por mucho más de siete años. En Chicago, por ejemplo, me he encontrado con hipotecas de cuarenta años y en el Japón ahora las hipotecas se hacen hasta por ¡dos generaciones!

Nosotros, entonces, deberíamos tratar de pagar nuestras deudas lo antes posible.

3. Lo que se pide prestado se debe devolver. Lo que se pide, se paga. Si tú te comprometiste con alguien a pagarle algún dinero, tú diste tu palabra, no importa que hayas firmado un papel o no. Tu palabra representa tu honor, tu carácter, tu «ser».

Esa es la razón por la que el concepto de la quiebra sin restitución del capital no debería existir en nuestras mentes. Sólo en un caso extremo (y como último recurso), es justo usar un recurso legal de amparo como lo es la bancarrota para protegerse del asedio de acreedores agresivos. Sin embargo, creo que es inmoral la transferencia de bienes para evitar pagar deudas y cada una de las deudas adquiridas, eventualmente se deberían pagar... aunque nos tome el resto de la vida hacerlo.

Leí hace unos días en Internet que el carácter de una persona no se forja en los momentos difíciles de la vida; en esos momentos, sólo sale a relucir.

No importa lo que diga la ley del país, entonces. La moral nos dice que nuestro «sí» debe ser «sí» y nuestro «no», debe ser «no»; y que es mejor no hacer una promesa, que hacerla y no cumplirla.

4. Sólo deberíamos pedir prestado bajo el Principio del Compromiso Garantizado. El Principio del Compromiso Garantizado (PCG) dice que «uno no debe hacer un compromiso económico a menos de tener la certeza absoluta de que lo puede pagar». El problema con las deudas no se encuentra en el tomarlas, se encuentra en la manera en las que nos metemos en ellas. A veces, somos casi suicidas por la forma en la que estructuramos nuestros préstamos...

Cuando uno entra en una deuda, lo primero que se debe preguntar es: «¿Cómo salgo?» La primera cosa que uno debe hacer al tomar una deuda es «dibujarse» una salida.

Este principio, por ejemplo, se hace claro en la compra de un auto nuevo. Ni bien manejamos el auto fuera de la concesionaria, ya perdió un buen porcentaje de su valor. Si al tomar el préstamo para su compra no hemos dado un buen anticipo (o «enganche»), ya comenzamos a manejar nuestra vida económica por el sendero equivocado.

Supongamos que lo hemos comprado a pagar en cuotas mensuales por los próximos cinco años y resulta ser que de aquí a un par de años tenemos una emergencia. Cuando lo queramos vender, ¡el dinero que recibiremos por él no alcanzará para pagar la deuda original! Nuestra deuda (pasivo) es mayor que los pagos que hemos hecho por el auto (activo). Hemos violado el PCG.

Esto es especialmente cierto en países que han adoptado la misma fórmula de pago de préstamos que se ha adoptado en Estados Unidos, donde los intereses se pagan primero y el capital, después.

Para contrarrestar este problema, en el caso de un auto o de una casa, podríamos poner la suficiente cantidad de dinero de anticipo (o «enganche») para que, de esa manera, pidamos prestado una cantidad menor que el valor del auto en el mercado del usado. También podríamos usar otra propiedad como «garantía» del préstamo o ahorros personales para mejorar la situación de nuestro activo.

Entonces, por ejemplo:

Si compramos un auto por:	$10.000
Y el valor de re-venta es:	$ 8.600
Deberíamos dar un anticipo de	$ 1.400 ... quizás $2.000

De esa manera, si tenemos que vender el auto por alguna eventualidad, podemos salir del préstamo que hemos pedido y quedar libre de deudas. Lo mejor, por supuesto, es ahorrar primero y pagar al contado el automóvil que queremos comprar. Lo único que debemos hacer es revertir el «ciclo». En vez de comprar el auto primero y pagarlo en cuotas después, pagarnos a nosotros mismos las cuotas en una cuenta de ahorros en el banco y comprar el auto después.

Recuerda que, cuando hablamos de pagar intereses, en la nueva economía de mercado, el juego se llama: «El que paga, ¡pierde!»

Finalmente, entonces, cuando tomamos un préstamo, cualquiera sea el motivo, lo primero que debemos pensar es: «¿Cómo salgo de esto en caso de emergencia?». Debemos manejar nuestras finanzas de la misma manera en la que deberíamos manejar nuestro automóvil: siempre pensando hacia dónde maniobrar en caso de accidente.

d. ¿Cómo salimos de las deudas que nos están ahogando?

Cuando mi esposa y yo nos pusimos en contacto con los materiales del Dr. Larry Burkett y Conceptos Financieros, teníamos deudas por más de 65.000 dólares. No éramos tontos. Simplemente ignorábamos cómo manejar adecuadamente nuestras finanzas.

A pesar de alquilar en Chicago, habíamos comprado una casa en el sur de la Florida. Teníamos un auto que era «el rey de los limones»: en los cuatro o cinco años que lo tuvimos ¡nunca anduvo bien! Gastábamos regularmente más de lo que ganábamos (no mucho más, pero con consistencia y a través de los años, las deudas se nos acumulaban). Le habíamos pedido prestado a los suegros, a amigos y ¡hasta la abuela que tenía casi noventa y cuatro años!

La verdad es que no sabíamos cómo salir del asunto y ni siquiera entendíamos cómo nos habíamos metido en los problemas que teníamos. Es en éste contexto que ahora te voy a dar algunas sugerencias prácticas para salir del pozo (aunque no sea demasiado profundo):

1. Sé honesto, transparente y mantén la comunicación abierta.

Necesitas mantener la comunicación abierta con tus acreedores. Todos los acreedores del mundo tienen algo en común: todos quieren cobrar sus préstamos. Trata a los demás como quisieras que te trataran a ti.

Si uno de tus deudores estuviera en problemas para pagarte el dinero que con tanto esfuerzo invertiste en prestarle, ¿No quisieras que él te dijera toda la verdad y te diera una idea clara y honesta de su capacidad de pago? Haz tú lo mismo.

2. Evalúa tu situación de deudas.

Escribe en la planilla que te he preparado en la siguiente hoja todos los datos correspondientes a tus deudas. En algunos casos puede que las cantidades de dinero que debes estén divididas en dos: un grupo de deudas mayores y otro de deudas menores. Agrupa tus deudas de acuerdo a la cantidad que debes. Sepáralas en esos dos grupos (si los tienes). Finalmente, dentro de cada grupo ordena tus deudas de acuerdo a los intereses que estás pagando. De mayor cantidad de intereses a menor.

Aquí hay un ejemplo. Total de deudas: $118.220, incluyendo la hipoteca.

Primero (en una hoja aparte), agrupamos de acuerdo a la cantidad que debemos.

Nombre de la deuda	Contacto y número de teléfono	Cantidad que todavía debo	Cuota o pago mensual	Interés que me están cobrando	Notas
Casa	Banco Dolor 998-8776	$98.000	$700	8.25%	
Auto	Banco Auto 234-5678	$12.800	$324	9.50%	
Tarjeta	Master-Tuyo 123-4567	$3.570	$125	18.50%	
Tarjeta	Carta-Negra 887-7655	$2.200	$80	23.50%	
Préstamo papá		$650	$25		Le pagamos de interés sólo lo que haya de inflación
TV / Sonido	Barato y Fiado 456-7890	$560	$20	16.00%	
Clínica	Matasanos, Inc. 112-2334	$440	$20	12.00%	

Segundo (en la planilla), ordenamos de acuerdo a los *intereses dentro de cada grupo.*

Nombre de la deuda	Contacto y número de teléfono	Cantidad que todavía debo	Cuota o pago mensual	Interés que me están cobrando	Notas
Tarjeta	Carta-Negra 887-7655	$2.200	$80	23.50%	
Tarjeta	Master-Tuyo 123-4567	$3.570	$125	18.50%	
Auto	Banco Auto 234-5678	$12.800	$324	9.50%	
Casa	Banco Dolor 998-8776	$98.000	$700	8.25%	
TV / Sonido	Barato y Fiado 456-7890	$560	$20	16.00%	
Clínica	Matasanos, Inc. 112-2334	$440	$20	12.00%	
Préstamo papá		$650	$25		Le pagamos de interés sólo lo que haya de inflación

Ahora te toca (usa una hoja aparte para el primer paso):

Nombre de la deuda	Contacto y número de teléfono	Cantidad que todavía debo	Cuota o pago mensual	Interés que me están cobrando	Notas

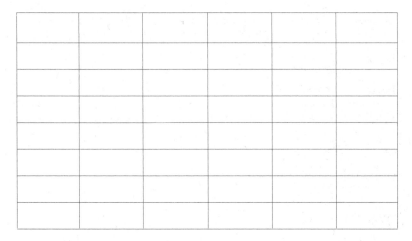

3. Paga un poco a cada acreedor. Si, por alguna razón, no puedes pagar por lo menos el mínimo, escribe una carta a tus acreedores y proponles un plan de pago. Asegúrales que eres un hombre/mujer de palabra y que quieres pagarles todo lo que les debes (aunque te tome el resto de la vida). Luego, proponles un plan de pago, trata de negociar la reducción o eliminación de intereses y/o del capital adeudado.

Te sorprenderías del tipo de arreglos a los que dos personas (una, deudora y otra acreedora) pueden llegar si las dos quieren realmente encontrar la forma en la que las deudas queden pagas como se debe.

4. Usa el excedente del plan para hacer pagos «extra». Ahora que tienes un plan, puedes controlar mejor tus gastos y puedes crear un «excedente» de dinero ahorrando o haciendo algún trabajo extra. No importa que no sea mucho. Lo importante es crear algún tipo de excedente y comenzar a pagar primero las deudas más pequeñas. Sé que muchos te aconsejarán concentrarte en las de mayor interés primero, como por ejemplo, el de la tarjeta «Carta-Negra» (23.50 %).

Sin embargo, a mí me gusta recomendar a mis amigos que empiecen a concentrarse en pagar primero las deudas de mayor interés, pero del grupo de «las más pequeñas». ¿La razón? Cuando terminas de pagar tu primera deuda, eso genera un impacto psicológico positivo. Vas a ver la luz al final del túnel. Te va a animar a seguir adelante. Mientras que, si la de mayor interés también tiene también una gran cantidad de deuda, puede que te desanimes en el camino.

Entonces, en nuestro caso, suponiendo que te quedaran unos $50 «extra» cada mes, además del dinero para pagar, por lo menos, los intereses de las tarjetas de crédito. Mi sugerencia es que te deberías concentrar en la deuda de «TV/Sonido» y en vez de pagar $20, sumarle los $50 y pagar $70.

Vamos a suponer, también que estás pagando cada mes todos los intereses de las tarjetas de crédito y sólo estamos trabajando con el capital que les estás debiendo (nos va a hacer mucho más fáciles los cálculos). A los efectos de esta demostración, realmente, no creo que haga la diferencia.

¿Cómo se verían esos pagos, entonces?

Mes 1	Mes 2	3	4	5	6	7	8	9
80	80	80	80	80	80	80	80	
125	125	125	125	125	125	125	125	
324	324	324	324	324	324	324	324	
700	700	700	700	700	700	700	700	
$70	$70	$70	$70	$70	$70	$70	**$70**	
20	20	20	20	20	20	20	20	
25	25	25	25	25	25	25	25	
1.344	1.344	1.344	1.344	1.344	1.344	1.344	1.344	

Último pago

5. Comienza el efecto acumulativo «Bola de Nieve».

Cuando terminas de pagar tu primera deuda, no toques ese dinero que ahora te queda «libre», sino que aplica ese pago que ahora no debes hacer más a «TV/Sonido» a la segunda deuda que habrás de liquidar: Clínica Matasanos, Inc.

De esa manera, ahora sumas a los $20 que estabas pagando, le sumas $70 que ya no pagas a «TV/Sonido» y ahora empiezas a pagar $90. Cuando termines con «Clínica Matasanos» tomarás todo ese dinero y lo sumarás al dinero que estás pagando en la siguiente deuda que quieres eliminar (Préstamo Papá). Luego, cuando terminas con «Préstamo Papá» te mueves al grupo de las «deudas mayores» y empiezas con el interés más alto.

¿Te vas dando cuenta cómo tus pagos comienzan a acelerarse rápidamente? Es como una bola de nieve: primero comienza pequeñita, pero con el correr del tiempo aumenta increíblemente su tamaño porque va «absorbiendo» los pagos anteriores.

Permíteme recordarte la situación actual, para no perderte en el camino:

Nombre de la deuda	Contacto y número de teléfono	Cantidad que he pagado	Cantidad que todavía debo	Cuota o pago mensual	Interés que me están cobrando	Notas
Tarjeta	Carta-Negra 887-7655	$640	$1.560	$80	23.50%	
Tarjeta	Master-Tuyo 123-4567	$1.000	$2.570	$125	18.50%	
Auto	Banco Auto 234-5678	$2.592	$10.208	$324	9.50%	
Casa	Banco Dolor 998-8776	$5600	$92.400	$700	8.25%	
TV / Sonido	Barato y Fiado 456-7890	$560	$0		16.00%	
Clínica	Matasanos, Inc. 112-2334	$160	$280	$20	12.00%	
Préstamo papá		$200	$450	$25		Le pagamos de interés sólo lo que haya de inflación

Entonces, continuamos con los pagos, a partir del mes número 9:

Mes 9	Mes 10	11	12	13	14	15	16	17
80	80	80	80	80	80	155	195	195
125	125	125	125	125	125	125	125	125
324	324	324	324	324	324	324	324	324
700	700	700	700	700	700	700	700	700
Pagado	Pagado	Pagado	Pagado	Pagado	Pagado	Pagado	Pagado	Pagado
90	90	90	**10**	Pagado	Pagado	Pagado	Pagado	Pagado
25	25	25	105	115	115	**40**	Pagado	Pagado
1.344	1.344	1.344	1.344	1.344	1.344	1.344	1.344	1.344

Presta atención:

En el mes 12 pagamos los $10 que nos quedaban a la clínica y sumamos los otros $80 a la cantidad que estábamos pagando para el «Préstamo Papá». En el mes 15, hicimos lo mismo con el «Préstamo Papá»: pagamos los $40 que nos quedaban, y sumamos los otros $75 al pago de la tarjeta «Carta-Negra». Entonces, después de 17 meses de pago acumulado, ésta es nuestra situación financiera:

Nombre de la deuda	Contacto y número de teléfono	Cantidad que he pagado	Cantidad que todavía debo	Cuota o pago mensual	Interés que me están cobrando	Notas
Tarjeta	Carta-Negra 887-7655	$1.470	$730	$195	23.50%	
Tarjeta	Master-Tuyo 123-4567	$2.125	$1.445	$125	18.50%	
Auto	Banco Auto 234-5678	$5.508	$7.292	$324	9.50%	
Casa	Banco Dolor 998-8776	$11.900	$86.100	$700	8.25%	
TV / Sonido	Barato y Fiado 456-7890	$560	Pagado		16.00%	
Clínica	Matasanos, Inc. 112-2334	$440	Pagado		12.00%	
Préstamo papá		$650	Pagado			Le pagamos de interés sólo lo que haya de inflación

¿Qué pasa, entonces, en los próximos nueve meses, a partir del mes 18?

Mes 18	Mes 19	20	21	22	23	24	25	26
195	195	195	**145**	Pagado	Pagado	Pagado	Pagado	Pagado
125	125	125	175	320	320	**255**	Pagado	Pagado
324	324	324	324	324	324	389	389	389
700	700	700	700	700	700	700	700	700
Pagado	Pagado	Pagado	Pagado	Pagado	Pagado	Pagado	Pagado	Pagado
Pagado	Pagado	Pagado	Pagado	Pagado	Pagado	Pagado	Pagado	Pagado
Pagado	Pagado	Pagado	Pagado	Pagado	Pagado	Pagado	Pagado	Pagado
1.344	1.344	1.344	1.344	1.344	1.344	1.344	1.344	1.344

Al final de un poco más de dos años de trabajo, perseverancia y dominio propio, finalmente hemos reducido nuestras deudas a las dos de más tamaño: el auto y la casa. En 10 meses más (justo al final de los tres años de planeamiento), seremos libres de todas las deudas, excepto la de la casa. Hemos reducido deudas por valor de $118.220 a un poco menos de $73.000, quedándonos sólo con la hipoteca de la casa... y si continuamos pagando a este ritmo, pagaremos la hipoteca de la casa ¡en solamente 6 años más!

6. Comprométete a vivir una vida libre de deudas.

No es fácil vivir una vida sin deudas en una sociedad latinoamericana que marcha hacia la integración económica y hacia el crecimiento económico a través de la consumición de bienes y servicios.

Por otra parte, también sentimos la presión de que ahora, gracias a que podemos pagar las cosas a crédito, podemos obtener cosas que nos hubiera llevado años conseguir en el pasado.

Mi palabra, en este caso, es una palabra de precaución. Como dijimos antes, no está mal pedir prestado y, en algunos casos, uno puede encontrar programas gubernamentales que nos permiten acceder a una casa digna con un pago mensual realmente bajo. Los principios a tener en cuenta al momento de tomar un préstamo ya lo hemos discutido anteriormente.

Aprendamos a ejercer el dominio propio que, con el correr de la larga carrera de la vida, siempre ha demostrado dejarnos con la mayor cantidad de dinero en el bolsillo.

Para poner en práctica

El quinto ingrediente del éxito es el pagar los préstamos a corto y a largo plazo. Estos son los pasos sugeridos para hacerlo:

1. Sé honesto, transparente y mantén la comunicación abierta.
2. Evalúa tu situación de deudas.
3. Paga un poco a cada acreedor.
4. Usa el excedente del plan para hacer pagos «extra».
5. Comienza el efecto acumulativo «Bola de Nieve».
6. Comprométete a vivir una vida libre de deudas.

Toma un tiempo para meditar en tu situación personal de deudas y préstamos. ¿Hay algunas decisiones que debas hacer con respecto a tus deudas (si tienes)?

_____

_____

_____

_____

----

6. Prepárate para la
edad madura

La sabiduría nos enseña que debemos prepararnos en la juventud, durante los días de nuestro «verano», para cuando llegue el otoño y el invierno de nuestra existencia. Esos serán los días en los que vamos a tener la libertad de dejar el trabajo que estamos haciendo y vamos a poder recibir un sustento económico para hacer otras cosas.

Es importante notar que la jubilación o el retiro es un invento moderno y no hay ninguna ley moral ni física que nos diga que necesariamente lo debemos hacer a los sesenta y cinco años.

Conozco gente que se ha retirado entre los cuarenta y cuarenta y cinco años, y gente que ha planeado su retiro y lo ha hecho a los cincuenta años. Por otro lado, tengo familiares que tienen más de ochenta años y continúan su vida productiva.

Debemos planear para el futuro, para el momento en que vayamos a dejar nuestro trabajo regular, tomando en cuenta que hay mucha gente que está viviendo cada vez más debido al continuo avance de la ciencia, la tecnología y la medicina. El Seguro Social y la jubilación que proveen nuestros países no siempre son suficientes. Ayuda, pero no es lo que necesitamos para vivir dignamente.

Deberíamos tener un plan de retiro y para eso sería bueno que leyera algún libro específico en su país que tenga que ver con la manera de planear para la jubilación. En general, para poder jubilarnos y mantener el mismo estándar de vida que tenemos ahora, necesitaremos proveernos de un salario que sea aproximadamente el setenta y cinco por ciento de nuestras entradas actuales. Sin embargo, nadie nos dice que debemos abandonar la fuerza de trabajo a los sesenta y cinco años de edad...

Existe un estudio realizado en Harvard entre 1980 y 1990 con algunos alumnos graduados de la institución. De aquellos alumnos que se retiraron en

1980 y dejaron de trabajar, el estudio indicaba que para 1990, seis de cada siete estaban muertos. De aquellos que habían continuado trabajando por los
próximos diez años, seis de cada siete estaban vivos.

Trabajar más allá de nuestra jubilación puede ser algo positivo. Nos da
algo que hacer. Mantiene nuestra mente en funcionamiento. Nos hace sentir
cómodos, útiles, como que estamos aportando algo a la sociedad en la que
vivimos. Ese será el momento de hacer un cambio de carrera o de invertir en
los demás.

Muchas veces tratamos a nuestros ancianos jubilados como gente inútil,
cuando en realidad no lo son. Tienen una gran cantidad de valiosísima
experiencia que han acumulado a través de los años. Es importante poner-
la a trabajar.

Entonces, no necesariamente uno debe detener toda la actividad a una
determinada edad. Uno puede seguir con su carrera, cambiarla y estudiar otra
cosa, hacer nuevos negocios, ayudar a los más jóvenes, salir de viajes, etc.
Siempre es bueno vivir una vida activa, y sobre todo, vivirla sintiéndose útil
a los demás.

Tengo un amigo que es un excelente veterinario; sin embargo, la pasión
de su vida es la carpintería. Me dice que está haciendo lo posible y lo imposible para poder retirarse temprano en la vida y así dedicarse a viajar por el
país ayudando en proyectos de construcción para organizaciones sin fines de
lucro. Todavía no ha llegado a los cuarenta y ¡ya se está armando su equipo
de herramientas!

Dejando de lado las circunstancias de salud y las situaciones que van más
allá de nuestro control, yo creo que en la gran mayoría de los casos, la decisión es tuya. La decisión de planear para convertirte en un inservible, un
vegetal que hay que mantener y cuidar o prepararse para vivir una vida plena
y radiante hasta el último día de existencia siendo de ayuda y bendición a la
humanidad.

Para poner en práctica

Escribe el tipo de metas que tienes en la vida para cuando te jubiles/retires. No tienes que ser demasiado detallista. Simplemente, a grandes rasgos, explica qué te gustaría hacer cuando te retires y cuánto dinero necesitarás mensualmente para lograrlo.

_____

_____

_____

_____

_____

_____

_____

_____

_____

_____

_____

_____

_____

_____

_____

_____

_____

7. Planea la distribución
de tu herencia

«Cada vez que pienso en el concepto de la herencia me da un ataque de urticaria y me pica todo el cuerpo...», me dijo una señora en uno de mis viajes por el sur de Estados Unidos. Tanto a nivel personal como profesional, las experiencias positivas que he escuchado con respecto al tema de la herencia las podría contar con los dedos de una mano.

Luego de toda una vida de trabajo, es triste el notar la gran cantidad de familias que han perdido todo lo acumulado con gran sacrificio en el simple traspaso de los bienes de los padres a los hijos.

Así que, tengamos mucho o poco, deberíamos sentarnos a pensar tarde o temprano (y más vale «temprano» que «tarde»), en cómo vamos a proveer para nuestra familia cuando nos vayamos de este mundo.

Los latinoamericanos tenemos un miedo instintivo al tema de la muerte. Nuestros antepasados indígenas adoraban a los muertos y nuestros antepasados hispanos y musulmanes tenían también sus ideas extrañas sobre la vida antes y después de la muerte. Por cultura vivimos el «hoy» y dejamos que «mañana traiga su propio afán».

Sin embargo, la cultura y la tradición no son excusas lo suficientemente fuertes como para desligarnos de la responsabilidad de pasar a nuestra familia bendiciones y no dolores de cabeza el día que pasemos a mejor vida.

¡Cuántas mujeres han perdido fortunas amasadas por sus esposos cuando ellos, repentinamente, fallecieron sin haberles preparado apropiadamente para tomar a su cargo los negocios de la familia!

Tú y yo no sólo somos administradores de nuestras vidas, también somos administradores de la vida y la relación que tenemos con nuestro cónyuge y con nuestros hijos. Ellos no son nuestros. Dice por allí un poema: «son hijos e hijas de la vida...» No nos pertenecen. Forman parte de nuestros «tesoros». No podemos ser irresponsables.

Aquí van algunos consejos útiles para preparar a la familia para el día de tu partida:

Preparando a la esposa

Las estadísticas son diferentes de país en país, pero, en general nos muestran que los hombres tenemos muchas más posibilidades de preceder a nuestras. Prepara a tu mujer y mantenla informada de todos tus negocios.

En la antigüedad, no había problemas. La mujer de uno muchas veces pasaba a su hermano o al familiar más cercano. En nuestros días, la cosa no es tan fácil...

Pregúntate: si yo paso a la eternidad hoy, ¿cómo sobrevivirá mi esposa?, ¿tiene una carrera, una profesión?, ¿tenemos un negocio juntos, algunas inversiones?, ¿tengo un seguro de vida que le pueda proveer de algún dinero?, ¿cuánto dinero necesitará cada mes para mantener nuestro nivel de vida? (probablemente, alrededor del setenta y cinco por ciento de las entradas netas que la familia tiene hoy en día).

Luego, escríbele una carta y colócala en un sobre grande o portafolio junto con todos los papeles legales que ella necesitará cuando se halle sola. En la carta le puedes decir:

a. Que no tome decisiones económicas serias por lo menos por un año.
b. Que no tome decisiones basadas en su «instinto» o en sus emociones.
c. Que busque el consejo de gente de confianza con los que tú ya has hablado.
d. Anímala en su fe.

Luego, escríbele una lista de los papeles legales que has guardado en el sobre o portafolio y explícale, en detalle, que es lo que tiene que hacer con cada uno de ellos. Escribir todo eso te puede resultar tedioso en este momento, pero cuando una mujer pasa por la devastación emocional de haber perdido a su marido, necesita instrucciones claras y precisas... paso por paso. Más de una herencia se ha derrochado porque la esposa no sabe cómo manejar un negocio o cómo disolverlo para sacar las ganancias.

Finalmente, escribe una lista de todas las personas que ella debería contactar antes, durante y después del funeral. Coloca el nombre, la dirección, el teléfono de cada individuo u organización y explica en qué se ha comprometido a ayudar a tu familia.

No nos cuesta nada hablar a un familiar o a un excelente amigo y encargar en sus manos un aspecto específico del período de transición que la familia tendrá que pasar al perder a su padre (por ejemplo: encargar a alguien los preparativos del funeral y el entierro, encargar a otra persona el proceso legal del seguro de vida, a otra el proceso del testamento, nombrar a un buen amigo comerciante como asesor financiero familiar, etc.).

Un hombre que ama a su esposa debe estar comprometido en cuidarla y protegerla antes y después de su muerte. Seamos responsables con el amor de nuestra vida...

Preparando a los hijos

Si en tu país se permite hacer un testamento o algún tipo de papel legal para evitar los impuestos y el trámite legal de la sucesión, ¡hazlo! En Estados Unidos, el ochenta por ciento de las personas mueren sin un testamento embarcando a sus familias en un trámite legal interminable y costoso, que incluye el famoso «impuesto a la muerte» que se le debe pagar al gobierno federal. Estos gastos te podrían robar ¡hasta el cuarenta por ciento de sus posesiones!

Cada año unos 2.500 millones de dólares van a parar a las arcas del gobierno norteamericano porque nadie sabe a quién les pertenecen determinadas posesiones o cuentas de bancos. Aunque parezca ridículo, sin embargo, ¡el noventa por ciento de los abogados tampoco tienen un testamento al momento de su muerte!

De todas maneras, siempre te conviene investigar en tu propia ciudad cómo establecer un fideicomiso, (un «*trust fund*» en Estados Unidos), o algún tipo de documento legal que te permita beneficiarte al máximo de la ley y reducir notablemente los gastos de transferir tus bienes primero a tu esposa y luego a tus herederos. Estos documentos muchas veces también te permiten tomar decisiones con respecto a desconectar o no las máquinas respiratorias y el cuidado que deben tener los médicos en caso de que quedes en estado vegetativo debido a problemas de salud.

Algunas personas creen que no tienen suficientes bienes como para preocuparse por crear un testamento o un fideicomiso. Pero si eres dueño de tu propia casa, *ya* tienes suficiente como para preocuparte por hacer algún documento legal.

En muchos países latinoamericanos no se permite a los padres hacer un testamento ni decidir cuánto dinero o qué cosas les dejan a cada uno de sus hijos. La experiencia, en muchos casos, es que este sistema termina provocando riñas, luchas internas y tensiones familiares.

Si quieres, y a pesar de no ser un «documento legal», puedes escribir en un papel cómo te gustaría que se manejara el asunto de la herencia. Pídele a tus herederos, luego, que honren tu memoria concediéndote los deseos de tu última voluntad. Te asegurarás, así, que el proceso del traspaso de bienes de padres a hijos en tu familia se haga de una manera ordenada y exitosa.

También recomendamos muchas veces el pasar la herencia «en vida». De esa manera los padres pueden guiar a los hijos en el proceso de recibir los recursos económicos y manejarlos sabiamente. Muchas veces, lo que se recibe sin haber hecho el esfuerzo de ganarlo con el sudor de la frente, tampoco se valora. Ayuda a tus hijos a manejar bien la herencia pasándosela en un momento de su vida en el cual tú todavía puedes influenciar sabiamente en sus decisiones.

Si tus niños son pequeños, recuerda de hablar con algún familiar de confianza para que se haga cargo de ellos en caso de que mamá y papá fallezcan al mismo tiempo. De esa manera evitarás que los niños anden como pelotitas de tenis en la casa de los familiares hasta que se resuelva su tenencia y la patria-potestad. Si dejas escritos tus deseos en tu testamento le ahorrarás dolores de cabeza a todo el mundo.

También, tu herencia debe incluir a tu iglesia, parroquia, y/o a las organizaciones de bien social con las que has estado involucrado, aquellas a las que le has estado dando con cierta regularidad o a alguna nueva que creas que vale la pena.

Tus herederos recibirán la gran mayor parte de tu herencia. Tú puedes separar un diez por ciento de ella, por ejemplo, para no llegar a las puertas del cielo con las manos vacías…

Finalmente, mantén a tus hijos informados (dentro de lo posible), sobre tus asuntos económicos. Ellos deberían saber dentro de qué colchón guardas tus ahorros (¡no vaya a ser que lo quemen cuando limpien la casa después del funeral!), a quiénes le debes dinero y quiénes te deben a ti. Tu seguro de vida debería tener lo suficiente como para pagar todas sus deudas y la educación de sus niños hasta los dieciocho años.

El mismo sobre o portafolio que armaste para tu esposa, entonces, les podría servir también a ellos. Asegúrate de que sepan dónde está guardado. Sería bien simple decirle a los hijos: «¿Ven ese sobre grande que está parado detrás de los platos? Por ahora manténganlo cerrado. Pero si alguna vez nos pasa algo a mamá y a papá juntos, queremos que lo abran. Allí hay instrucciones sobre lo que deben hacer.»

Ya sé que el planear nuestra herencia y lo que pase después de nuestra muerte no es un tema inspirador para la mayoría de nosotros... Pero no todas las responsabilidades son «inspiradoras». Algunas, simplemente tienen la función de evitarnos un daño aun mayor.

Para poner en práctica

Aquí hay una serie de cosas que deberías estar seguro de haber hecho:

- Educar a la viuda.
- Educar a los herederos.
- Escribir una carta.
- Hacer un testamento o un plan para traspasar los bienes.
- Lista de consejeros.
- Archivo económico.
- Seguro de vida.
- Incluir a organizaciones de ayuda comunitaria.

_____

_____

_____

_____

_____

_____

_____

_____

_____

_____

_____

TERCERA PARTE

SABIDURÍA POPULAR

Consejos prácticos para estirar el salario

«Cuida los centavos, que los pesos se cuidan solos», dice con regularidad mi madre. Yo creo que este refrán, justamente, es una de esas ideas provenientes del árbol de la sabiduría popular que, a pesar de no venir de grandes eruditos, tiene mucho de verdad.

Esa tendencia en el carácter es consistente con el estudio que mencioné anteriormente entre familias millonarias de Estados Unidos. La gran mayoría de los 1115 millonarios en Estados Unidos, dicen Stanley y Danko, disfrutan de sus comodidades, pero odian el derroche. Son capaces de comprarle un tapado de visón a su esposa, pero les molesta que una lámpara quede encendida toda la noche y derroche energía eléctrica.

El secreto, dicen los investigadores, es que:

1. Estos millonarios viven siempre dentro de sus posibilidades económicas,
2. Usan el tiempo, esfuerzo y dinero de maneras que les beneficiará económicamente,
3. Creen que la independencia económica es mucho más importante que la demostración de status social,
4. Sus padres no les proveen de ayuda económica,
5. Sus hijos adultos son económicamente independientes,
6. Aprovechan las oportunidades del mercado y
7. Han elegido carreras apropiadas.

Aunque tú y yo no seamos millonarios, creo que, de todas maneras, podríamos beneficiarnos de un par de secretitos que podrían ayudarnos a ahorrar unos pesitos en el presupuesto familiar. Las ideas no son todas mías. Muchas han sido tomadas del libro *Creative Home Organizer* [El organizador creativo del hogar] escrito por Emilie Barnes, de la *Guía para el presupuesto familiar* originalmente escrita por el Dr. Larry Burkett y publicado por Conceptos Financieros Crown y del libro *Tiptionary*, escrito por Mary Hunt.

He organizado estos consejos prácticos de acuerdo al orden de categorías que usamos para armar nuestro presupuesto. Ojalá que puedas usar algunos de estos secretitos (los que se apliquen a tu país y situación económica) y puedas poner un par de pesitos extras en tus ahorros ya sea que los guardes en el banco ¡o debajo del colchón!

11. Transporte
12. Vivienda
13. Alimentos
14. Ahorros
15. Deudas
16. Recreación
17. Vestimenta
18. Salud
19. Seguros
20. Gastos varios

TRANSPORTE

❖ **Evita autos nuevos**

Aunque tengas el dinero para comprarte un auto totalmente nuevo, no lo hagas. El automóvil es un bien que pierde valor, se deprecia con el tiempo. Especialmente, los primeros dos o tres años de uso. No es una buena inversión. Un automóvil de dos años con bajo kilometraje es casi tan bueno como uno completamente nuevo. La diferencia de precio, sin embargo, es realmente impresionante.

❖ **Cuánto pagar…**

Antes de visitar un concesionario para comprar un auto usado, uno necesita trabajar un poco. Mi recomendación es que sigas los siguientes pasos:

1. Averigua, primero, cuánto dinero realmente tienes y cuánto puedes endeudarte.

2. Luego, decide qué tipo de transportación necesitas. Decide la marca, el modelo y el año.

3. Averigua el precio «base» que el concesionario tendría que haber pagado por el auto (en Estados Unidos usa el «Blue Book» o la Internet. Pregunta a un amigo que venda autos).

4. Súmale la cantidad indicada por los accesorios (radio, estéreo, etc.)

5. Suma o resta la cantidad correspondiente por el kilometraje.

6. Súmale un cinco por ciento a ese precio como comisión para el concesionario.

7. Anota el precio en un pedazo de papel y llévalo contigo cuando sales a comprar el auto.

8. Busca en los periódicos y por los barrios específicamente el auto que estás buscando. No dejes que te muestren «alternativas».

9. Comprométete a dejar el concesionario si no se acercan lo suficiente a tu precio. Simplemente, levántate y con cortesía despídete del vendedor.

10. No bajes la guardia: el negocio no está terminado hasta que negocies el interés que pagarás por el préstamo.

❖ **Limpiaparabrisas I**

Antes de tirar a la basura los limpiaparabrisas de tu automóvil, trata de limpiarlos con un trapo limpio y alcohol. Quizás, en vez de estar demasiado viejos, simplemente están cubiertos por una fina capa de goma y asfalto que han acumulado con el tiempo.

❖ **Limpiaparabrisas II**

Para extender la vida de esos limpiaparabrisas tan usados, trata de lijar su filo suavemente con papel de lija. Luego límpialos bien con un pedazo de tela limpia y alcohol.

❖ **700 kilómetros**

Llegas a tu casa y estacionas el auto en la puerta. Más tarde, al anochecer, enciendes el auto y lo estacionas en el garaje. Como el noventa al noventa y cinco por ciento del desgaste del motor ocurre en los primeros diez segundos de funcionamiento después del encendido en frío, tú has logrado en unos pocos minutos el mismo tipo de desgaste mecánico del motor que te hubiera tomado manejar por 700 kilómetros de ruta bajo condiciones normales.

❖ **Frenar con el freno**

El freno se hizo para frenar y la palanca de cambios para cambiar velocidades, para ir más rápido. Nadie va más rápido frenando, ni tampoco deberíamos frenar con los cambios (aunque hay excepciones a la regla). Sin embargo, siempre es más barato cambiar las pastillas del freno que arreglar la transmisión.

❖ **80 km por hora**

Para ahorrar en combustible acostúmbrate a no viajar a más de 88 km por hora (65 millas). La diferencia entre 88 y 105 km por hora representará un diecisiete por ciento de incremento en el consumo de gasolina.

❖ **Cómo negociar...**

Si vas a comprar un auto y vas a entregar el tuyo como parte de pago, comprométete a negociar cada uno de los siguientes tres módulos por separado:

1. Primero, negocia el precio de venta de tu auto usado. Dile al vendedor que el precio de tu usado es muy importante (cuando te entusiasmes con el nuevo, el valor de tu usado caerá inmediatamente en tu mente).
2. Negocia el precio del auto nuevo.
3. Negocia el interés y los accesorios.

❖ **Llévatelo a casa I**

Todos aquellos que viven en Estados Unidos deben saber que pueden pedirle al vendedor de un auto usado que se lo deje llevar a casa por veinticuatro horas. Si acepta, después de llenar algunos papeles, podrás disfrutar del auto que quieres comprar por todo un día sin sentir la respiración del vendedor junto a la yugular...

❖ **Llévatelo a casa II**

Cuando lleves el vehículo a casa, no lo uses sólo para pasear y ver cómo funciona frente a diferentes condiciones de tránsito. También llévalo a un mecánico y paga para que le hagan diferentes tipos de estudios (incluso con computadoras) con el fin de saber la real condición del vehículo. No hay nada peor que comprarse un «limón».

❖ **¿Tiempo de comprar?**

¿Qué es mejor? ¿Continuar arreglando el auto viejo que tienes o comprarte uno nuevo? Todo depende... Por eso es importantísimo llevar la cuenta de cuanto te cuesta arreglar el auto que tienes anualmente. Nosotros tenemos un autito viejo que nos cuesta unos $700 anuales arreglarlo. Mucho menos que los $200 mensuales para comprar uno más nuevo.

❖ **Limpia tu auto**

Trata de mantener el asiento de atrás y el baúl (o, la cajuela) del auto lo más vacío posible. El exceso de peso en el auto incrementa el gasto de combustible.

CASA

❖ **Limpiando vidrios**

Para limpiar efectivamente tus ventanas y espejos, luego de lavarlos sécalos con un papel de diario en vez de usar toallas de papel o de tela. Es una alternativa mucho más barata y tus vidrios lucirán mucho mejor.

❖ **Puliendo cobre**

Para pulir cobre no compres químicos. Haz una mezcla de vinagre y sal y pule el cobre de tu casa con ella. Disfrutarás de cobre resplandeciente y de un par de pesos más en tu bolsillo.

❖ **Olores indeseados**

Si tienes problemas con olor a cigarrillo en alguna habitación o en tu lugar de trabajo, simplemente humedece una toalla con vinagre y muévela por el área con problemas. También si pones vinagre dentro de platos hondos mantendrán la habitación desodorizada.

❖ **Limpiador multiuso**

Si quieres un limpiador multipropósito mezcla media taza de amoníaco y una taza de bicarbonato de sodio y divide la mezcla dentro de dos botellas de dos litros (o una de un galón, en Estados Unidos). Agrega dos tazas de agua tibia, tapa cada botella y agítalas. Finalmente, agrega seis tazas más de agua en

cada botella (doce en la de un galón). Usa media taza de limpiador por cada
balde de agua o úsalo sin diluir para rociar sobre los muebles de la cocina o
limpiar la cerámica.

❖ Ahorrando agua

Si tienes detrás del inodoro un tanque externo (no construido dentro de la
pared), llena una botella plástica de un litro con agua hasta el tope y colócala
dentro del tanque de agua. La botella ocupará espacio en el tanque y te permitirá utilizar menos agua para el inodoro.

❖ Fertilizante alternativo

En vez de comprar fertilizantes costosos en los negocios, puedes hacer tu
propio fertilizante a muy bajo costo. Simplemente diluye dos cucharaditas
de amoníaco en cuatro litros de agua. Deja que se estacione la mezcla por
veinticuatro horas. Luego, antes de fertilizar las plantas diluye nuevamente
una taza de esta mezcla que acabas de hacer en otros cuatro litros de agua. Cuidado: más no es mejor. No coloques más de una taza de fertilizante por cuatro litros de agua, porque quemarás tus plantas.

❖ Manchas de humedad

Para remover las manchas de humedad usa una mezcla de una cucharada
sopera de agua oxigenada en una botella de dos litros de agua. Las manchas
desaparecerán como por «arte de magia».

❖ Platos brillantes

Cuando, luego de enjabonar tus platos uses una tina o pileta llena de agua
para enjuagarlos agrega una taza de vinagre al agua para cortar cualquier residuo
de grasa o jabón. Tus platos lucirán brillantes y se verán totalmente limpios.

❖ Removiendo el sarro

Si vives en una zona donde se le acumula calcio en el fondo de las teteras,
pavas o contenedores de agua, mantén una o dos bolitas de mármol o vidrio
(como las que usan sus niños para jugar en la escuela) en el fondo de ellas. Con
el uso, al moverse de un lugar a otro, no permitirán que los sedimentos tengan la posibilidad de aferrarse a las superficies.

❖ **Cuidado de la plata**

Si tienes cubiertos de plata y no quieres que se te oscurezcan, coloca en la caja donde los guardas un pedazo de tiza, como la que se usa para escribir en las pizarras de las escuelas.

❖ **Insecticida**

Mezcla dos gotitas de jabón de lavar platos en un litro de agua. Coloca la mezcla en una botella rociadora y rocíala sobre las plantas de tu jardín con regularidad. Es un insecticida barato y efectivo, especialmente contra algunos insectos que atacan a los rosales.

❖ **¡No tires esa agua!**

Cuando hiervas huevos o pastas no tires el agua. Déjala enfriar y úsala para alimentar las plantas de tu casa. El calcio y los almidones acumulados en el agua son excelentes nutrientes.

❖ **Planta una huerta**

Para reducir los costos de la comida, planta una huerta en el fondo de tu casa, o, incluso, en macetas. Visita una biblioteca y consíguete un libro sobre cómo plantar una pequeña huerta en tu casa.

ALIMENTOS

❖ **Filtros de café**

Los filtros de café de color marrón que no han sido procesados con cloro («lavandina», en algunos países) son más fuertes que los blancos. No los tires a la basura después de usarlos por primera vez. Lávalos, déjalos secar y vuelve a usarlos por lo menos dos veces más.

❖ **Bananas**

Las bananas te durarán más tiempo si las cuelgas. Así que, te podrías comprar un pequeño gancho como los que se usan para colgar las tazas de colección y atornillarlo en algún lugar conveniente de la cocina. El asunto es que no deben tocar la mesa ni la pared para no «marcarse» y comenzar a echarse a perder.

❖ **Pan «casi» fresco**

Para refrescar pan que se ha endurecido un tanto, rocía el interior de una bolsa de papel con un poco de agua, coloca el pan adentro, cierra la abertura de la bolsa y colócalo por unos minutos en el horno a que se caliente. No dejes la bolsa allí por mucho tiempo o ¡te vendrán a visitar los bomberos!

❖ **Dinero en efectivo**

En países como Estados Unidos, Canadá y Puerto Rico los consumidores tienen la tendencia de pagar sus compras con su tarjeta de crédito o débito. No lo hagas. Ahorrarás, por lo menos, un quince por ciento en sus compras si llevas solamente dinero en efectivo. El dinero en efectivo es un factor «limitante» y evitará que gastes más de la cuenta en cosas que no necesitas.

❖ **Lista escrita**

Confecciona siempre una lista *escrita* antes de ir al mercado. Evitará que, al llegar al mercado, te tientes con cosas que realmente no necesitas en este momento.

❖ **Hambre y compras**

No salgas de compras cuando tengas hambre (especialmente si te gustan las cosas dulces). El hambre te llevará a sobre-calcular tus necesidades reales de comida.

❖ **Calculadora**

Si es posible, utiliza una calculadora para ir controlando el total de gastos a medida que realizas las compras. Lleva la cuenta de cuánto estás gastando en éste período del mes. Cuando llegaste al límite de tu presupuesto de compras para esta semana, comprométete seriamente a parar de gastar.

❖ **Productos desechables**

Reduce o elimina el uso de productos desechables: platos, vasos, servilletas de papel, etc. (Usa platos de loza o plástico, servilletas de tela, vasos de vidrio, etc.) Los productos desechables, aunque muy convenientes, también resultan muy caros a largo plazo.

❖ **Productos de higiene**

Evalúa dónde conviene comprar los productos de higiene personal como el champú, el enjuague bucal, etc. (Generalmente se pueden conseguir a mejor precio en las ofertas especiales que tienen las cadenas de grandes mercados y farmacias.)

❖ **Hombre prevenido...**

Si vives en una zona residencial donde no hay mercados, ten siempre a mano un paquete de leche en polvo para evitar los viajes de emergencia al supermercado. Cada vez que haces un viaje que no necesitas, derrochas combustible (y dinero).

❖ **Fondo mutuo de comida**

Trata de comprar alimentos al por mayor. A lo largo de Latinoamérica me he encontrado con gente que hacen un fondo común entre tres o cuatro familias, y luego, entonces, pueden comprar cantidades más grandes de alimentos a los precios que lo pagan los vendedores de las calles o los mercados minoristas.

❖ **Ferias**

Si las hay en tu ciudad o pueblo, aprovecha las «ferias» en las que los productores venden directamente a los consumidores. Te ahorrarás los costos que suman a los alimentos los intermediarios.

❖ **Alimento de bebé**

Prepara en casa las papillas para tu bebé en vez de comprar los alimentos precocidos y envasados. Simplemente pasa los alimentos normales por la licuadora. Todos hemos crecido con este tipo de alimentos y parece que estuvimos bien alimentados, ¿no? La conciencia es costosa.

❖ **Ahorrar gasolina**

Trata de ahorrar combustible comprando comida para un período más largo, y en mayores cantidades. También te puedes turnar con alguien del barrio para ayudarse a ir de compras, ya sea en autobús o una vez en tu auto y la siguiente en el de ella (o él).

❖ **Cereales endulzados**

Evita los cereales procesados y endulzados. Son costosos y poco nutritivos.

❖ **Comidas convenientes**

Evita los alimentos precocidos y procesados, como comidas para el horno de microondas, alimentos congelados, pasteles, etc. Estás pagando demasiado por mano de obra que puedes proveer tu mismo.

❖ **Carne**

Fíjate cuáles son los cortes más económicos de carne que puedes encontrar, y pídele al carnicero que te los corte. Sin embargo, hay que tomar en cuenta que a veces resulta más económico comprar bistec empaquetados que están de oferta en los supermercados.

❖ **Frutas**

No compres frutas y verduras que están fuera de temporada. Si están en el supermercado es porque han tenido que pagar costos de refrigeración o de importación de algún otro país. Probablemente estén más caras que en temporada.

❖ **Los «angelitos» en casa**

Deja a tus hijos en casa al cuidado de tu cónyuge a fin de evitar presiones innecesarias cuando sale de compras. Lo más inteligente que un padre puede hacer es proponerse como voluntario para cuidar a los niños mientras su esposa va de compras a solas. No hay cosa más peligrosa para el presupuesto familiar que una mujer gastando dinero mientras sus «angelitos» atacan la sección de juguetes de un negocio o con sus agudas vocecitas le insisten en que gaste dinero que no tiene.

❖ **Para solteros**

Consíguete un «compañero/compañera de compras». A veces comprando junto con otras personas puedes aprovechar mejor los alimentos. Por ejemplo, los huevos son más baratos si los compramos por docena. Sin embargo, para algunos de nosotros es difícil comernos toda la docena antes de que se nos eche a perder alguno. Lo mismo ocurre cuando hay ventas especiales de «dos por el precio de uno». El descuento del cincuenta por ciento se aplica solamente si nos podemos comer o podemos usar los «dos». Comprando en cantidad y dividiendo los costos y los alimentos, puedes comprar sólo lo necesario para ti y, al mismo tiempo, puedes ahorrar la misma cantidad de dinero que los que compran «al por mayor» o simplemente en mayor cantidad.

❖ **Conservas**

Considera la posibilidad de preparar conservas de tus propias verduras frescas, cuando sea posible. Desarrollar una huerta en el fondo de la casa puede ser un pasatiempo que te deje extraordinarios beneficios.

❖ **Revisando cuentas**

Presta atención a cada artículo mientras te lo cobran en la caja registradora, y verifica los precios de nuevo al llegar a casa. «De carne somos», dice un refrán... y aún ¡hasta las computadoras se equivocan de vez en cuando!

❖ **Genéricos**

Por lo menos en Estados Unidos, algunos productos «genéricos» (aquellos de color blanco y negro que no tienen marca) deben, por ley, ser la misma calidad que los productos de marca que generalmente se venden bastante más caro. No pagues por las campañas publicitarias de las compañías que venden alimentos. Cuando tengas que comprar aspirinas, bicarbonato de sodio, miel, malazas, maní, nueces, sal, azúcar, harina, o almidón de maíz compra los productos genéricos y ahórrate la diferencia. La calidad es la misma.

❖ **Si no tienes...**

- <u>Almidón</u>: usa dos cucharadas de harina por cada cucharada de almidón.
- <u>Huevos</u>: usa dos cucharadas de mayonesa por cada huevo que te pida la receta.
- <u>Miel</u>: una taza de miel puede ser reemplazada por 1 1/4 taza de azúcar y 1/4 taza de cualquier líquido que use la receta.
- <u>Vinagre</u>: dos cucharaditas de limón pueden reemplazar una cucharadita de vinagre.[30]

❖ **La carne es cara**

En muchos casos puedes sustituirla perfectamente por frijoles. Un kilo de carne puede costar entre dos y catorce dólares, mientras que los frijoles secos cuestan entre cincuenta centavos y un dólar el kilo y son una excelente fuente de proteínas, hierro, hidratos de carbono, tiamina y fibras.[31]

❖ **Sopa y pan**

Toma una de las noches de la semana y llámala «La noche de la sopa». Si cocinas una nutritiva sopa con ingredientes frescos que ya tienes en tu casa (no los enlatados ni precocidos), puedes alimentar a cuatro personas por dos dólares.[32]

AHORROS

❖ **Cuánto ahorrar**

Debes ahorrar, por lo menos un cinco por ciento de tu dinero disponible cada mes. Tu meta es tener en dinero en efectivo (ya sea en el banco o debajo del colchón) entre dos a tres meses de sueldo como un fondo para emergencias.

❖ **Cuenta especial**

Si vives en el Canadá o en Estados Unidos, abre una cuenta de ahorros en tu banco. Calcula el cinco por ciento de tu dinero disponible. Escribe un cheque a tu nombre y págate tus ahorros como si estuvieras pagando la luz, el gas o el teléfono. De esa manera no «sufrirás» la ausencia de tus ahorros.

❖ **Inversores principiantes**

Para aquellos que quieren comenzar a invertir, aquí hay algunos consejos prácticos:

1. La inversión debe ser simple y fácil de entender.
2. Debe tomar poco tiempo para administrar.
3. No debe causarte tensión emocional.
4. No debe cambiar tu estilo de vida ni hacer perder la paz en el hogar.
5. Debes poder controlar tu inversión por ti mismo (misma).
6. Tiene que ser una inversión que puedas transformar en dinero en efectivo con facilidad y rapidez.
7. Debe ser tan buena para aquellos que tienen poco que invertir como para los que tienen grandes cantidades de dinero.[33]

❖ **Lotería**

Todavía me sorprende la ingenuidad que demostramos los latinoamericanos cuando se trata de jugar a la lotería. Sabemos que las estadísticas dicen que las posibilidades de ganar son ínfimas, y, sin embargo, quemamos dinero todas las semanas tratando de salir de la pobreza de una forma mágica (parece ser que para el pobre «la esperanza es lo último que se pierde», ¿no?).

¿Por qué, en vez de derrochar esos cinco dólares semanales en el juego no haces algo más inteligente? Mira a tu vida como una carrera a largo plazo.

Si, en vez de invertir en la lotería cinco dólares por semana (veinte por mes), invirtieras ese dinero en la bolsa de valores (a un doce por ciento de interés promedio anual), al cabo de veinte años tú y tus herederos tendrían una cuenta de ahorro con ¡*casi veinte mil dólares*! (19.785,11 para ser exactos).

Aquí están los datos:

- Comenzando con una inversión de $0
- Aportar $20 dólares mensuales.
- Por 240 meses (20 años).
- Doce por ciento de interés anual promedio.
- Capital invertido: $4.800
- Intereses recibidos: $14.895,11

❖ **Año fiscal familiar**

Comienza a manejar tu dinero y el de tu familia como si fuera el dinero de una empresa. Planea tu presupuesto en forma mensual, pero mira el balance económico en forma anual, de la misma manera en la que lo hacen las empresas de tu país: calculando las entradas y salidas del año.

❖ **Préstamos al gobierno**

Alguna gente se pone tan contenta en Estados Unidos cuando recibe una «devolución» de sus impuestos a fin de año… ¡Gran error! La razón de la devolución es que el gobierno les ha estado cobrando de más en impuestos con cada salario. ¿Por qué permitir que el gobierno trabaje todo el año con tu dinero y te lo devuelva sin intereses el año que viene? Pídele al departamento de contaduría de tu trabajo que te retenga menos dinero cada día de pago para el impuesto a las ganancias y, luego, deposita la diferencia en una cuenta de ahorros, en tu plan de retiro o en la bolsa de valores. A fin de año, escríbete a ti mismo un cheque de «devolución» de impuestos y ¡disfrútalo con intereses!

❖ **¿Ahorrar gastando?**

La gente dice que comprando cosas que están en oferta es una gran manera de ahorrar dinero. No siempre. Hay que tener en cuenta que uno no puede ahorrar gastando. Cuando gastamos no ahorramos, gastamos. Sólo ahorramos cuando guardamos. Entonces, a menos que las cosas que compramos en oferta sean cosas que realmente necesitemos, cuando compramos algo porque «era una oferta increíble» en realidad no hemos ahorrado, sino que hemos gastado dinero que quizás, si no hubiera sido por esa «oferta», hubiéramos guardado.

❖ **Secreto para ahorrar**
Para ahorrar como un estilo de vida: debes parar de gastar el dinero que no tienes, en cosas que no necesitas, para impresionar gente que no te gusta.

❖ **$1.200 al año**
Si tú acostumbras a comer afuera todos los días durante la semana de trabajo, tienes en tus manos una mina de oro. Cada lunes, coloca en un sobre veinticinco dólares ($5 para cada día de trabajo), que es el dinero que gastarías en comidas para toda la semana. Llévate una fruta y un emparedado de tu casa para comer al mediodía en vez de salir afuera. Al final del mes, tendrás $100. Deposítalos en una cuenta especial de banco o en una jarra marcada «Un sacrificio de amor por mi familia». Al final del año, cuando llega Navidad y la época de vacaciones, descubrirás que tu sacrificio traerá alegría y sonrisas a todos los que amas… ¡mil doscientas sonrisas, para ser exactos!

❖ **Ahorra las monedas**
Esta idea puede que no funcione en varios países del continente. Pero es realmente efectiva en otros. Comprométete a no gastar las monedas que te van quedando en el bolsillo cada día. Provee a tu familia de una jarra a donde dejar caer las monedas de cada día. Colócala en la cocina de tu casa. A fin de mes, sin haber sentido siquiera el «dolor» del dinero no gastado, cambia las monedas y deposita esa cantidad en tu cuenta de ahorros.

❖ **Ahorrar para tus hijos**
Invierte en la bolsa cincuenta dólares por mes en tu hijo o hija desde sus ocho a los dieciocho años.
Entrégale los $10,849.91 con la condición de que no puede tocar la inversión hasta los sesenta años (éste es su plan de retiro).
Si no pone un centavo más en el banco, a los sesenta tendrá en su cuenta un poco más de ¡UN MILLÓN DE DÓLARES!

DEUDAS

❖ **Regla # 1**

La primera regla en cuanto a las deudas tiene 2.000 años de antigüedad: «No tengan deudas con nadie», decía el sabio San Pablo a sus discípulos en Roma. Es un excelente consejo.

❖ **¿Bueno o malo?**

No es malo pedir prestado. Lo que es malo es pedir prestado sabiendo que no tenemos una forma segura de pagar el préstamo. Esa situación, cuando el pasivo es más grande que el activo, es lo que lleva muchas veces a las situaciones de crisis que vemos en Latinoamérica.

❖ **¿Prestar o no prestar? I**

Antes de acceder a prestar dinero debes estar de acuerdo con tu cónyuge. Muchos matrimonios sufren profundamente cuando uno de los miembros de la pareja presta dinero a un amigo o familiar sin el consentimiento del otro. La relación de pareja realmente se deteriora cuando ese amigo o familiar no puede pagar.

❖ **¿Prestar o no…? II**

Presta dinero solamente si sabes que lo podrías regalar. Si tu amigo o familiar no te puede pagar, siempre puedes decirle que tome esa cantidad como un regalo de parte tuya y de tu familia. Habrás perdido dinero, pero habrás salvado la relación. La gente y nuestra relación con ella son mucho más importantes que las cosas materiales. El problema viene cuando prestamos lo que no tenemos y, luego debemos sufrir porque no nos lo devuelven.

❖ **Antídoto**

La mejor forma de estar absolutamente seguros de que nunca tendremos que pedir prestado es: 1) ahorrar con regularidad y 2) gastar siempre menos de lo que ganamos.

❖ **Honestidad**

Siempre sé honesto con la gente a la que le debes dinero. Recuerda la regla de oro: trata a los demás como te gustaría que te traten a ti mismo. Tu acreedor se arriesgó por ti y tiene derecho a que seas honesto con él (o ella). Él quiere, sobre todo, que le pagues tu deuda, así que estará dispuesto a sentarse contigo y acordar un nuevo plan de pagos.

❖ **Tarjetas de crédito**

No es malo tener tarjetas de crédito, simplemente tienes que comprometerte a cumplir con ciertas normas:

1. No tengas muchas tarjetas de crédito. Recuerda que, como en el amor, «dos son compañía, tres son multitud».
2. Nunca compres algo que no está en tu presupuesto.
3. Como has comprado dentro de tu presupuesto, entonces siempre tendrás dinero disponible para pagar a fin de mes el cien por ciento de lo que cargaste a la tarjeta.
4. El primer mes que no puedas pagar el balance de tu tarjeta, rómpela y comienza a manejar dinero en efectivo.

❖ **Automóvil**

Acostúmbrate a ahorrar el dinero del automóvil antes de comprarlo. Cómpralo con dinero en efectivo y ¡hasta podrás pedir un descuento! La compra del automóvil al contado es sólo una cuestión de costumbre. El auto lo debes pagar de todas maneras (al contado o a crédito). La diferencia es que si lo compras al contado, tú te quedas con los intereses.

❖ **Mala inversión**

Considera al automóvil como una mala inversión, una mala deuda. No es lo mismo comprarse una casa o un departamento, que un vehículo. Tanto el auto, como la casa rodante o la casa-trailer pierden su valor a través del tiempo. Entonces considera la compra del auto desde el punto de vista de un inversor: no hay peor inversión que aquella en la que pierdes plata a través de los años. No es extraño el día de hoy encontrarse con parejas que han gastado 15 o veinte mil dólares a través de los años en transportación y ahora manejan vehículos que, literalmente se caen a pedazos.

❖ **Aval**

De acuerdo a un estudio realizado por la Comisión Federal de Comercio de Estados Unidos el cincuenta por ciento de los que avalan un préstamo terminan pagándolo.[34] Ese es un riesgo muy alto para cualquier tipo de inversión económica. Si puedes, toma como un principio en tu vida el no salir de garante de otras personas.

❖ **Saliendo de garante**
Si vas a salir de garante de otras personas, debes considerar lo siguiente:
1. Tienes que asegurarte de que tú podrías cubrir todo el monto de la deuda y no te causaría problemas en tu estilo de vida ni en la paz familiar.
2. Debes estar en condición de regalar el dinero por el cual saldrás de garante.
3. Debes estar seguro que la persona avalada tiene todas las intenciones de pagar.
4. Retírate de la situación lo antes posible.

❖ **Negocios I**
Cuando tomes una deuda para comenzar un negocio, haz lo que hacen los negociantes más exitosos: pon en riesgo solamente el cincuenta por ciento de tu activo. Si te va mal en el negocio, no solamente no tendrás deudas sobre tu espalda, sino que tendrás el otro cincuenta por ciento para comenzar otro negocio.

❖ **Negocios II**
Aprende a comenzar «de abajo» en tus negocios y a construirlo solamente con dinero en efectivo. Tomará mucho más tiempo, pero será mucho más sólido. Hay un gran número de negocios tanto en Estados Unidos como en toda Latinoamérica que, a pesar de manejar cifras multimillonarias, no trabajan con créditos. Son esos los negocios que por lo general sobreviven los tiempos de economía tumultuosa y los que compran por «baratija» a aquellos negocios que confiaron fuertemente en su capacidad para pedir crédito.

RECREACIÓN

❖ **Temporada**
Dentro de lo posible, planea tus vacaciones fuera de temporada. Todo te saldrá mucho más barato. Averigua con las compañías aéreas cuáles son las fechas que ellos considerarían «pico» en el área que tú o tu familia quieren visitar.

❖ **Acampar**

Considera la posibilidad de acampar durante las vacaciones para evitar gastos de hotel y restaurante. Los lugares de campamento están mejorando marcadamente en estos últimos años y uno puede encontrar algunos en los que la familia se sienta cómoda. Pregunta a tus amigos por lugares recomendables.

❖ **Ahorrar en equipo**

Para ahorrar en el equipo para acampar, varias familias amigas podrían comprar juntos un equipo para acampar, distribuir entre ellos los costos y luego turnarse en el uso del mismo.

❖ **El lugar**

Elije lugares de vacaciones en sitios cercanos al lugar donde vives. Te sorprenderá saber que hay mucha gente que viaja cientos de kilómetros para ir de vacaciones cerca de tu hogar. ¿Por qué has de viajar tú cientos de kilómetros para ir de vacaciones cerca de la casa de otra gente? Los ahorros pueden ser bastante grandes. Lo importante es ser creativos.

❖ **Lo importante**

Recuerda que lo importante al momento de salir a recrearse con la familia no son los juegos que se juegan ni los paisajes que se ven. Lo más importante es el poder disfrutar de la compañía de cada uno y poder terminar el tiempo de recreación con lindas memorias.

❖ **¿Dónde comienzas?**

Comienza a disfrutar de tus vacaciones desde el mismo momento en el que comienzas tus vacaciones. Muchas veces perdemos calidad de tiempo juntos porque estamos desesperados por llegar a «descansar y disfrutar la vida» en nuestro lugar de destino. Empieza a descansar y a disfrutar la vida con el primer paso que des más allá de la puerta de tu casa.

❖ **Ahorros**

No compres solamente tu boleto de avión con más de veintiún días de anticipación. También toma la costumbre de reservar el auto que habrás de alquilar y el hotel en el que estarás con, por lo menos, esa cantidad de días. Te evitarás sorpresas de último momento y conseguirás mejores precios.

❖ Llegar tarde

Si debes parar en un hotel por el camino para descansar y es bastante entrada la noche, pregunta si no te darían un descuento. Recuerda que, de no ser por ti, esa habitación se quedará vacía el resto de la noche y para el hotelero, como dice el refrán, siempre es mejor «pájaro en mano, que cien volando».

❖ Intercambio de casas

Trata de intercambiar casas con una familia amiga y de confianza que viva en otra área a fin de poder disfrutar de vacaciones económicas. Los costos de hotel y restaurantes (especialmente, si la familia es grande), pueden tomar la mayor parte del presupuesto de las vacaciones.

❖ Entretenimiento

Usa juegos de mesa en vez de salir de paseo en el lugar donde estás pasando tus vacaciones. Usa, por ejemplo, algunos de los juegos que se recibieron en Navidad y en Reyes pero que nunca se utilizaron todavía.

❖ A medias

Considera la opción de ir de vacaciones con otras familias para reducir los gastos y aumentar el compañerismo. Muchos niños prefieren esta opción porque les da la oportunidad de divertirse con jovencitos de su propia edad.

❖ Avión

Si viajas por avión, trata de comprar asientos en los vuelos más económicos. Si eres paciente, puedes conseguir diferencias de un cuarenta por ciento o más. Por ejemplo, a veces los viajes de noche o en la madrugada pueden ahorrarle del diez al veinte por ciento del costo del viaje. Pregunta por otras restricciones que te permitan disminuir los gastos del boleto, especialmente si no estás restringido en el horario y fechas de llegada y de salida.

❖ Club de turismo

Si a ti o a tu familia les gusta salir de paseo, hazte socio de algún club de «viajero frecuente» que tenga una compañía de turismo o empresa de aviación. También disfruta con frecuencia de los lugares turísticos que tengan la Obra Social o Sindicato que agrupa a los trabajadores de tu ramo.

❖ **Prevenir y no curar**

Empieza a ahorrar para tus vacaciones, por lo menos, con diez meses de anticipación. Separa un poquito de dinero cada semana y guárdalo en algún jarro oscuro en la alacena. Si tienes adolescentes, ¡asegúrate de que no lo encuentren!

❖ **Presupuesto**

Cuando llegue el momento de salir de vacaciones, reparte el «dinero para divertirse» entre los miembros de la familia. Ese dinero es la cantidad que tiene cada miembro de la familia para su diversión personal y para comprar regalos, juguetes y recuerdos. Entre todos deben hacer un serio compromiso de que una vez que se les acabe este «fondo de diversión» no habrá más dinero para gastar. Esta costumbre, enseñará importantes lecciones a los más jovencitos, evitará riñas y discusiones innecesarias, eliminará el descontrol personal y, sobre todo, evitará excederse en el área de los «gastos varios» que siempre parecen un «barril sin fondos» cada vez que nos vamos de vacaciones.

VESTIMENTA

❖ **Ahorrar regularmente**

Acostúmbrate a ahorrar para la vestimenta personal o familiar todas las semanas. A pesar de que no uses el dinero cada semana, de todas maneras guarda el dinero en un sobre o jarra para tener suficiente como para evitar comprar a crédito.

❖ **Educación**

Educa a tu familia en cuanto al cuidado de la ropa. Disciplina a tus niños para que cumplan buenas costumbres en el cuidado de la vestimenta. Los niños crecen rápido, pero tienen toda la capacidad del mundo de destruir la ropa que visten aún más rápido de lo que crecen.

❖ **Coser en casa**

Aprende a confeccionar y arreglar ropa en casa. Confecciona tanta ropa para los niños como tu tiempo te permita. (Como promedio, ahorrarás entre el cincuenta y el sesenta por ciento).

❖ **Reciclar**

Aprendamos a reciclar la ropa usando nuestros recursos y nuestra inventiva en vez de convertirnos en simples consumidores. ¿Cuántas familias que, sólo porque gozan de una mejor posición económica, tienen guardarropas llenos con elementos que ya no utilizan porque están «fuera de moda»?

❖ **Conjuntos**

Escoge conjuntos que se puedan utilizar en múltiples combinaciones.

❖ **¿Necesidad o gusto?**

Muchas familias con ingresos elevados gastan excesivamente en vestimenta. Revisa tus principios y valores. Considera si en realidad es importante tener siempre la ropa de última moda. ¿Reflejan tus compras una necesidad de tu persona o tu familia, o refleja tu ego? ¿Compras ropa para satisfacer una necesidad o un gusto?

❖ **Lista escrita**

Haz una lista *escrita* de las necesidades de ropa, y compra las cosas fuera de temporada, siempre que sea posible. Eso te ayudará a tener un plan específico que cumplir con respecto a la vestimenta y podrás comprar lo que realmente necesitas cuando lleguen las ofertas especiales.

❖ **Lugares alternativos**

Frecuentemente las tiendas de descuento que venden ropa «de marca», pero sin la etiqueta. Para obtener buenos precios en mercadería de calidad, ve a las tiendas que venden directamente de fábrica.

❖ **Segunda selección**

A veces, en negocios de «segunda selección» puedes conseguir ropa a precios mucho más bajos que, por tener pequeños daños, las fábricas no pueden vender a tiendas regulares. Muchas veces las fallas son insignificantes y (si eres de un talle más pequeño) ¡hasta pueden quedar totalmente fuera de la prenda!

SALUD

❖ **Digestión**

Si quieres digerir apropiadamente, aprende a comer en paz. Te ayudará a mantener tanto tu cuerpo como su familia en un mejor estado de salud.

❖ **Ejemplo**

Acostúmbrate a comer, por lo menos, una comida con toda la familia cada día. La Asociación de Nutricionistas de California dice que los niños tienen la tendencia de imitar los hábitos de los mayores aprendiendo a elegir alimentos más nutritivos y saludables cuando sus padres no se encuentren presentes.

❖ **Colesterol**

Come tantas claras de huevo como quieras, pero evita comer las yemas. La yema de un sólo huevo tiene toda la cantidad de colesterol que tu cuerpo necesitará para el resto del día. Limítate a comer huevos y sus derivados solamente dos o tres veces por semana.

❖ **Pérdida de calcio**

La gente que, en vez de tomar un vaso de leche, toma bebidas con cafeína como el café, el té y los refrescos pueden no estar recibiendo la suficiente cantidad de calcio en su cuerpo, e incluso, pueden estar perdiendo este importante componente de nuestros huesos. Se ha comprobado que una taza de café puede hacerte perder a través de la orina hasta seis miligramos de calcio más allá de la cantidad que su cuerpo pierde en forma natural.

❖ **Remedios genéricos**

Cuando vayas a comprar un remedio recetado (especialmente en Estados Unidos), pregunta si la receta que te dieron tiene un producto paralelo genérico. El producto genérico (sin marca) por ley debe ser idéntico al de marca, excepto que no tiene los costos de promoción que tienen los productos de marca registrada. En casa siempre compramos las versiones genéricas de las recetas, nos ahorramos una buena cantidad de dinero y nunca hemos tenido problemas.

❖ **Remedios múltiples**

A menos que tengas síntomas múltiples cuando estés afectado de un catarro, no compres remedios que solucionan múltiples problemas, a menos que te lo recomiende tu doctor. Por ejemplo, cuando tengo tos, yo no compro un remedio para la tos, la fiebre y la congestión nasal. Generalmente cuestan más caros y, en realidad, no lo necesito.

❖ **Prevenir...**

Nos guste o no, los dentistas tienen razón: mejor es prevenir que curar. La forma más barata de mantener una boca saludable es prevenir las caries y problemas dentales manteniendo al día la limpieza bucal. Trata de evitar las comidas entre comidas para mantener tus dientes libres de la placa que los deteriora. El treinta y cinco por ciento de las enfermedades de las encías y la caída de los dientes se debe, primordialmente, a la enfermedad de nuestras encías. Hay que cuidarlas.

❖ **Estrategia dental**

La idea principal detrás de la costumbre de cepillarnos los dientes es el tratar de evitar que la comida (especialmente los azúcares) formen la placa de destruye nuestros dientes. Entonces, acostúmbrate y acostumbra a tu familia a cepillarse los dientes después de las comidas. Eso significa cepillarse después del desayuno y no permitirles que tomen jugos o coman hasta la siguiente comida. Luego, cepillarse después de comer y esperar para comer de nuevo a la cena.

❖ **Emergencias**

Familiarízate con las clínicas y hospitales que hay a tu alrededor. Quizás necesites algún día usar sus servicios de emergencia y algunos minutos perdidos pueden ser la diferencia entre la vida y la muerte. En Estados Unidos, donde casi un tercio de la población se muda cada año, el problema de tener gente que no sabe dónde están los servicios de emergencia es creciente.

SEGUROS

❖ **Seguro de vida**

Cuando la gente habla de seguros de vida, la primera pregunta, es: ¿cuánto seguro comprar? Ni mucho, ni poco.

Eso dependerá de cada familia e individuo. Estas son algunas de las preguntas que nos deberíamos hacer:

1. ¿Cuántas deudas tengo?
2. ¿Cuánto hace falta para terminar de pagar la hipoteca de mi casa?
3. ¿Tenemos niños/as de corta edad?
4. Si el esposo es el único que trae un sueldo a la casa, ¿Quiere la esposa salir a trabajar si fallece su esposo o quiere quedarse en casa hasta que los hijos/as sean mayores de edad?
5. ¿Cuánto dinero debería recibir la esposa por parte del gobierno si el esposo fallece?
6. ¿Cuánto más le haría falta para no tener que salir a trabajar, si esa es su elección?
7. ¿Cuánto dinero debería haber en inversiones para generar esa entrada «extra» de dinero en intereses?
8. ¿Cuánto costará la educación de los hijos/as? ¿Quiere dejarse algo en el seguro de vida para pagar parte de esos gastos?
9. ¿Cuánto será el costo total del funeral y el entierro?
10. ¿Quiero dejar algo para alguna obra de beneficencia o para mi comunidad de fe (iglesia, sinagoga, etc.)?
11. ¿Hay algún otro gasto asociado a mi desaparición que debo tomar en cuenta?

❖ **La responsabilidad**

Es la responsabilidad de aquellos que traemos el pan a nuestro hogar el proveer para nuestra familia cuando pasemos de este mundo. Si vives en Estados Unidos o el Canadá no tienes excusa: los seguros de vida son baratos y fáciles de obtener. No podemos dejar a nuestra familia con la carga de las deudas de nuestras inversiones, de nuestros sueños y hasta de nuestro propio funeral.

❖ **Reducción del seguro**

Reduce la cantidad de seguro que tienes a medida que pase el tiempo. No es lo mismo dejar suficiente para cuidar de tu cónyuge, que cuidar del cónyuge y los hijos.

❖ **Seguro del auto**

Recuerda que el seguro del auto es para cubrir los costos que tú no puedes cubrir con tus propios ahorros. Compra seguros con deducibles. Cuanto más dinero tienes que pagar tú antes de que el seguro comience a pagar, menor será la prima mensual. Por supuesto, debes estar seguro de tener suficiente dinero ahorrado como para pagar el deducible, en caso de que tengas un accidente. Si manejas cuidadosamente puedes ahorrar una buena cantidad de dinero en tus pagos mensuales.

❖ **Descuentos**

Algunos seguros ofrecen descuentos por no haber tenido accidentes en una cierta cantidad de años y otros ofrecen descuentos por haber tomado algún curso de manejo defensivo del vehículo. Preguntar a tu agente de seguros no cuesta nada y, sin embargo, te puede ahorrar dinero mes tras mes.

❖ **Garantías extendidas**

Sólo compra garantías «extras» si realmente no podrías dormir tranquilo a la noche. Si no, permíteme decirte que personalmente creo que esas garantías son una pérdida de dinero. Es cierto que existen las excepciones a la regla, pero en la mayoría de los casos, las cosas que se construyen en estos días no necesitan que les compremos una garantía más allá de la que ya viene de fábrica. Más vale ahorrar el dinero y recibir los intereses.

❖ **Revisión de pólizas**

Revisa tu póliza de seguros del auto por lo menos una vez al año. Busca otras compañías y mejores precios. Te sorprenderías los ahorros que puedes lograr simplemente poniendo en práctica un principio que ha dado resultados extraordinarios a través de los tiempos: la competencia.

GASTOS VARIOS

❖ **Déjala en tu casa**

Los últimos estudios de mercadotecnia indican que cuando una persona lleva una tarjeta de crédito en el bolsillo tiene la tendencia de gastar hasta un veintitrés por ciento más en sus compras. Hay pocas inversiones que le dejen a uno ese interés anual de ganancia limpia. ¡Déjala en casa y ahorra!

❖ **Filtros de café**

Puedes reusar los filtros de papel para hacer café. La mayoría de nosotros asumimos que, como son de papel deben ser usados una sola vez. Sin embargo, si tiras el café, lavas el filtro y lo dejas secar por la noche, puedes usarlo cuatro o cinco veces.[35]

❖ **No tires el café**

No tires el café a la basura. Coloca el café usado en la tierra de las macetas con plantas que tiene alrededor de la casa. También úsalo como un buen fertilizante para el pasto (provee nitrógeno).

❖ **Usa la Internet**

Si tienes acceso a la Internet, es una buena idea tratar de averiguar cual es el costo «normal» del producto que quiere comprar. Te sorprenderás de la diversidad de precios que existen para un mismo producto y ahorrarás una buena cantidad de dinero, especialmente con los productos de alto costo.

❖ **Costos de bodas**

Hoy en día los costos de las bodas y quinceañeras están llegando a niveles realmente ridículos. A pesar de que uno se casa una sola vez en la vida, eso no quiere decir que la pareja tenga que empeñar su futuro por una noche de fiesta. Considera seriamente «volver a lo básico»: disfrutar juntos, en familia y entre amigos de un momento muy especial para todos.

❖ **Pide un descuento**

Es una cuestión de orgullo. No pedimos un descuento porque sentimos vergüenza. Sin embargo, «el que no pide no recibe»; y si quieres ahorrar en tus compras, pedir un descuento es una de las formas más efectivas de hacerlo. Como decía Benjamín Franklin: «Un centavo ahorrado es un centavo ganado». Otórgate un aumento de sueldo y pide descuentos con regularidad.

Una nota personal de parte de Andrés...

En la medida que concluyo este libro sobre prosperidad integral, me gustaría compartir contigo una convicción personal: mi creencia en la Fuente de los principios y valores sobre los que hemos hablado en el tiempo que pasamos juntos. Creo que existe un Creador, Dios y Padre de todos nosotros, Quien es la fuente de donde emanan todos y cada uno de los principios de la prosperidad. Él los creó y los estableció en la naturaleza. También de Él surgen y son posibles los valores personales que hemos compartido, los «frutos del Espíritu».

Pienso, también, que cada uno de nosotros tenemos una carrera que Dios nos ha puesto por delante. Él tiene un plan para cada uno de nosotros; y, en la medida en la que corremos efectivamente esa carrera, que cumplimos con ese plan, nos sentimos más o menos satisfechos en la vida.

Creo que hay partes de nuestro ser que no se pueden cambiar simplemente con tratar de «hacer» las cosas diferentes. Uno, simplemente, tiene que «ser» diferente; y para ser diferente, uno necesita «conectarse» y pedir ayuda de lo alto...

Pierre Teilhard de Chardin solía decir: «Nosotros no somos seres humanos que tienen una experiencia espiritual. Somos seres espirituales que tienen una experiencia humana».[36]

Espero que a lo largo de este libro haya podido tocar tanto tu experiencia espiritual, como tu experiencia humana. Deseo de todo corazón, por un lado, el poder haberte ayudado a manejar mejor tu dinero semana tras semana, mes tras mes; y por el otro espero haber dejado el tipo de huellas en tu vida que no solamente te ayuden a llegar al final de la carrera, como decíamos al principio, sino que te ayuden a llegar al final todavía con tu antorcha encendida.

ACERCA DEL AUTOR

El doctor Andrés G. Panasiuk representa el caso típico de un latinoamericano que surge de los barrios populares de nuestro continente para convertirse en una fuerza influyente en la vida de millones de personas, no sólo en Latinoamérica, sino también alrededor del mundo.

El doctor Panasiuk es el director para el mundo hispano parlante de Conceptos Financieros Crown (www.conceptosfinancieros.org), una organización compuesta por empresarios y profesionales que tiene como finalidad enseñar principios sólidos para el manejo de la economía, tanto a nivel familiar como empresarial.

Andrés tiene un diploma en Comunicación Social, una licenciatura en Comunicación Interpersonal y de Grupo, y un Doctorado en Divinidades honoris causa recibido en la República de India.

Es un reconocido conferencista internacional en temas familiares y sociales. También es anfitrión de dos programas radiales y un programa de televisión que salen al aire en más de dos mil emisoras en veintidós países del continente. Es autor de varios libros que han ganado la nominación para diferentes premios a nivel continental.

PARA MÁS INFORMACIÓN

Ponte en contacto con:
Conceptos Financieros
601 Broad St. SE
Gainesville, GA 30501 USA
Tél. 770-532-5750
www.conceptosfinancieros.org

Conceptos Financieros Crown
Apartado postal 3010
Ciudad de Guatemala
Guatemala
conceptosfinancieros@crown.org

NOTAS

1. Joseph Stowell, Instituto Moody, Chicago, 1999.
2. C. S. Lewis, *The Abolition of Man* (New York: Harper Collins, 2001). No confundir con el «Taoísmo».
3. Dr. Larry Burkett, seminario «La familia y sus finanzas», Conceptos Financieros Crown, 1998.
4. Stephen R. Covey, *The 7 Habits of Highly Effective People* (New York: Simon & Shuster; 1990), pp. 18, 19. [Los 7 hábitos de la gente altamente efectiva (Barcelona: Ediciones Paidós Ibérica, 2005)].
5. http://www.pbs.org/kcts/affluenza/diag/what.html
6. Thomas J. Stanley y William D. Danko, *The Millionaire Next Door* [El millonario de al lado] (New York: Pocket Books, 1996), p. 257.
7. http://www.businessballs.com/maslow.htm
8. http://www.stanford.edu/dept/news/pr/94/940614Arc4207.html
9. *Today in the Word* [Hoy en la Palabra] (Moody Bible Institute), octubre 1991, p. 22.
10. Citando a Platón en *Apología*, 38a.
11. Pablo de Tarso. Primera Carta a los Corintios. Capítulo 13, versos 4 al 8. Siglo I A.D.
12. *Nicomachean Ethics*, I.1.1094a.
13. http://www.letrascanciones.org/ricky-martin/me-amaras/que-dia-es-hoy.php
14. Tao Te Ching 33.
15. Dhammapada 103.
16. Covey, *7 Habits*, pp. 69, 70.
17. Stanley y Danko, *Millionaire*, p. 257.
18. Doménica Velásquez, *Diario Prensa Libre*, 20 octubre 1999, p. 17 (Fuente: Instituto Nacional de Estadística, INE).
19. Cynthia Kersey, *Unstoppable* [No se puede parar] (Naperville, IL: Sourcebooks, Inc., 1998), pp. 139-43.
20. Silas Shotwell, *Homemade*, septiembre 1987.
21. Stanley y Danko, *Millionaire*, p. 257.
22. Ibid., p. 1.
23. Ibid.
24. Ibid., p. 2.
25. Ibid., pp. 9, 10 y 12.
26. Ibid., p. 36.
27. Ibid., p. 28.
28. Edward W. Bok, *Perhaps I Am* (New York: C. Scribner's Sons, 1928).
29. Dr. Guillermo Donamaría. Director, Christ Center, Chicago, IL, Estados Unidos de América.
30. Mary Hunt, *Tiptionary* [Libro de sugerencias] (Nashville: Broadman & Holman, 1997), pp. 125, 126.
31. Jonni McCoy, *Miserly Moms* [Mamás tacañas] (Elkton, MD: Full Quart Press, 1996), p. 55.
32. Ibid., p. 63.
33. Ibid., p. 291.
34. Howard L. Dayton, Jr. *Your Money: Frustration or Freedom?* (Wheaton, IL: Tyndale House, 1979), p. 52, [Su dinero, ¿frustración o libertad? (Miami: Editorial Unilit, 1990)].
35. Barbara Whiting. http://homeparents.about.com/od/recycle/qt/coffee_filters.htm
36. Covey, *7 Habits*, p. 319.